GUÍA RÁPIDA PARA LA CERTIFICACIÓN CISCO CCNA 200-301

MANUEL SEPÚLVEDA

eClassVirtual.com

Índice de contenido

1.10.a Windows

1.10.b Mac OS

1.10.c Linux

1.11 Describir los principios inalámbricos

1.11.a Canales WiFi que no se superponen

1.11.b SSID

1.11.c RF

1.11.d Cifrado

1.12 Explicar los fundamentos de la virtualización (máquinas virtuales)

1.13 Describir los conceptos de conmutación

1.13.a Aprendizaje y envejecimiento de MAC

1.13.b Conmutación de tramas

1.13.c Inundación de tramas

1.13.d Tabla de direcciones MAC

ACCESO A LA RED

2.1 Configurar y verificar las VLAN (rango normal) que abarcan varios conmutadores

2.1.a Puertos de acceso (datos voz)

2.1.b VLAN predeterminada.

2.2 Configurar verificar la conectividad entre conmutadores

2.2.a Puertos troncales o Trunk

2.2.b 802.1Q

2.2.c VLAN nativa

2.3. Configurar verificar los protocolos de descubrimiento de Capa 2 (Protocolo de descubrimiento de Cisco LLDP)

2.4 Configurar y verificar (Capa 2/Capa 3) EtherChannel (LACP)

2.5 Describir la necesidad y las operaciones básicas de Rapid PVST + Spanning Tree Protocol e identificar las operaciones básicas

2.5.a Root bridge, root port y otros nombres de puertos

2.5.b Estados de puerto (reenvío / bloqueo).

2.5.c Beneficios de PortFast.

2.6 Compare las arquitecturas inalámbricas de Cisco y los modos AP

2.7 Describir las conexiones de infraestructura física de los componentes de WLAN (AP, WLC, puertos de acceso/troncales LAG)

2.8 Describir las conexiones de acceso de administración de AP y WLC (Telnet, SSH, HTTP, HTTPS, consola TACACS + / RADIUS)

2.9 Configurar los componentes de un acceso de LAN inalámbrica para la conectividad del cliente utilizando solo GUI, como creación de WLAN, configuraciones de seguridad, perfiles de QoS y configuraciones de WLAN avanzadas

CONECTIVIDAD IP

3.1 Interpretar los componentes de la tabla de enrutamiento Acceso a la Red

    3.1.a Código del protocolo de enrutamiento

    3.1.b Prefijo

    3.1.c Máscara de red

    3.1.d Próximo salto.

    3.1.e Distancia administrativa.

    3.1.f Metric

    3.1.g Gateway de último recurso

3.2 Determinar cómo un enrutador toma una decisión de reenvío por defecto

    3.2.a Concordancia más larga

    3.2.b Distancia administrativa (AD)

    3.2.c Métrica del protocolo de enrutamiento

3.3 Configurar verificar el enrutamiento estático IPv4 e IPv6

    3.3.a Ruta predeterminada

    3.3.b Ruta de red

    3.3.c Ruta del host

    3.3.d Ruta estática flotante

3.4 Configurar y verificar OSPFv2 de área único

    3.4.a adyacencias vecinas

    3.4.b Punto a punto

    3.4.c Broadcast (selección de DR/BDR)

    3.4.d ID de enrutador

3.5 Describir el propósito del protocolo de redundancia del primer salto

SERVICIOS IP

4.1 Configurar verificar inside source NAT ((Network Address Translation)

4.2 Configurar verificar el funcionamiento de NTP (Network Time Protocol) en modo cliente servidor

4.3 Explicar la función de DHCP DNS dentro de la red

4.4 Explicar lo función de SNMP en las operaciones de red

4.5 Describa el uso de las funciones de syslog, incluidas los facilities y los niveles

4.6 Configurar verificor el cliente DHCP y relay

4.7 Explicar el comportamiento de reenvío por salto (PHB) para QoS como clasificación, marcado, colas, congestión, policing, shaping.

4.8 Configurar dispositivos de red para acceso remoto usando SSH (Secure Shell)

4.9 Describir las capacidades la función de TFTP / FTP en la red

FUNDAMENTOS DE SEGURIDAD

5.1 Definir conceptos clave de seguridad (amenazas, vulnerabilidades, exploits técnicas de mitigación)

5.2 Describir los elementos del programa de seguridad (conocimiento del usuario, capacitación control de acceso físico)

5.3 Configurar el control de acceso al dispositivo usando contraseñas locales

5.4 Describir los elementos de las políticas de seguridad de contraseñas, como la administración, la complejidad y las alternativas de constraseña

5.5 Describir el acceso remoto las VPN de sitio a sitio

5.6 Configurar verificar listas de control de acceso.

5.7 Configure los funciones de seguridad de la Capa 2 (DHCP snooping, inspección ARP dinámico seguridad de puerto)

5.8 Diferenciar los conceptos de autenticación, autorización contabilidad

5.9 Describir los protocolos de seguridad inalámbrica (WPA, WPA2 WPA3)

5.10 Configurar WLAN usando WPA2 PSK usando la GUI

AUTOMATIZACIÓN Y PROGRAMABILIDAD

6.1 Explique cómo la automatización impacta en la administración de la red.

6.2 Compare las redes tradicionales con las redes basadas en controladores.

6.3 Describir arquitecturas definidas por software basadas en controladores (overlay, underlay y fabric)

    6.3.a Separación del plano de control elplano de datos.

    6.3.b API Nort-bound y South-bound

6.4 Compare la administración de dispositivos del campus tradicional con la administración de dispositivos habilitado por Cisco DNA Center

6.5 Describir las características de las API basadas en REST (CRUD, verbos HTTP y codificación de datos)

6.6 Reconocer las capacidades de los mecanismos de gestión de la configuración Puppet, Chef y Ansible

6.7 Interpretar datos codificados JSON

Introducción

¡Bienvenidos a la Guía Rápida para la Certificación Cisco CCNA 200-301!

Si estás considerando obtener tu certificación CCNA (Cisco Certified Network Associate) 200-301, has tomado una decisión acertada para avanzar en tu carrera en el mundo de las redes y la tecnología. Cisco es líder indiscutible en la industria de la networking, y obtener la certificación CCNA es un logro que te abrirá muchas puertas.

Este ebook está diseñado para ayudarte a prepararte de manera eficiente y efectiva para el examen CCNA 200-301. Ya sea que estés comenzando desde cero o necesites un repaso rápido antes de enfrentar el examen, esta guía te proporcionará los conocimientos y las herramientas necesarias para tener éxito.

Hemos estructurado esta guía pensando en tu comodidad y en tu éxito. En las siguientes páginas, encontrarás explicaciones claras y concisas de los conceptos clave que se evaluarán en el examen, enlaces a recursos de Video Clases, artículos y consejos valiosos para abordar las preguntas de manera efectiva.

Pero, ¿qué beneficios obtendrás al obtener tu certificación CCNA 200-301 con la ayuda de esta guía? Aquí te presentamos algunos de los beneficios más destacados:

- **Mayor empleabilidad:** Las certificaciones Cisco son altamente reconocidas en la industria de TI, lo que aumentará tus oportunidades de conseguir un empleo o avanzar en tu carrera actual.
- **Conocimientos sólidos:** Aprenderás los fundamentos sólidos de redes y tecnología que son esenciales en cualquier entorno de trabajo relacionado con TI.

- **Preparación eficiente:** Nuestra guía te permitirá repasar rápidamente los temas clave y te ayudará a concentrarte en lo que realmente importa para el examen.
- **Confianza en el examen:** Al comprender a fondo los conceptos, podrás abordar el examen con confianza y aumentar tus posibilidades de aprobarlo en el primer intento. Además nuestro ebook cuenta con el enlaces a Video Clases para reforzar lo aprendido.
- **Avance profesional:** Obtener la certificación CCNA puede abrirte la puerta a oportunidades de carrera más lucrativas y desafiantes.

No importa si eres un principiante o un profesional con experiencia que busca actualizar sus conocimientos, esta guía está diseñada para ayudarte a alcanzar tus objetivos de certificación CCNA de manera rápida y efectiva. Así que, ¡comencemos el viaje hacia tu éxito en la certificación CCNA 200-301!

Esta Guía de estudio es un resumen completo del contenido que es examinado en el examen Cisco CCNA 200-301 que dura 120 minutos y donde se preguntan los siguientes conocimientos:

- Redes Fundamentales
- Acceso a la Red
- Conectividad IP
- Servicios IP
- Fundamentos de Seguridad
- Automatización y Programabilidad

Además esta guía está en constante evolución y es una ayuda de repaso de conocimientos fundamental para dar tu examen Cisco CCNA.

Te deseo el mejor de los éxitos y cuenta conmigo para todas tus consultas y dudas...

Aspectos básicos de la red

1.1 Explicar el papel la función de los componentes de la red

1.1.a Routers

- Los routers se utilizan para conectar varias redes
- Su función es de establecer una ruta hacia su destino
- Los routers analizan los datos que se van a enviar a través de una red, los empaquetan de forma diferente los envían a otra red o a través de un tipo de red distinto
- El router prioriza los datos elige la mejor ruta para cada transmisión.
- Utiliza protocolos como EIGRP, BGP OSPF para anunciar rutas.
- Reenvía el tráfico basado en direcciones IP.
- Tenemos distintos tipos de routers:
  - Router principal ==> Ejemplo, proveedores de servicios (como AT&T, Vodafone), proveedores de nube (como Google, Amazon, Microsoft)
  - Router perimetral ==> también llamado router de pverta de enlace, es el punto de conexión más externo de la red con las redes externas, incluida Internet
  - Router de distribución ==> Es un router interior que recibe datos del router perimetral mediante una conexión cableada los enu1a a los usuarios finales
  - Router inalámbrico ==> Combinan las funciones de los routers perimetrales los routers de distribución. Estos routers son comunes en las redes domésticas para el acceso a Internet.
  - Router virtual ==> Los routers virtuales son programas de software que permiten virtualizar algunas funciones del router en la nube para prestarlas como servicio.

- Routers de Cisco para redes de todos los tipos tamaños (información actualizada al 2027): o
  - Sucursal ==> Catalyst Serie 8200, 8300, uCPE Cisco Catalyst de la serie 8200 Edge, ISR de la serie 1000
  - Agregación de WAN ==> NCS de la serie 500, 5000, 5500, 5700, Serie Catalyst 8500, ASR de la serie 900 1000
  - Proveedor de servicios ==> Serie 8000, NCS de la serie 500, 5500, 5700, ASR de la serie 900, 9000
  - Industrial ==> ISR IRll0l resistente, ISR industrial de la serie 800, Serie CGRl000, IR WPAN de la serie 500
  - Virtual ==> ros XRu 9000, Catalyst 8000V, CSR lO00V
  - Pequeñas empresas ==> ISR de la serie 900, 1000, Dispositivos de seguridad Meraki MX, Serie RV para pequeñas empresas

    »»» Video: ¿Que es y como funciona un router?

    https://youtu.be/myQXXrZlkiA?si=686gSbJ7ww9SSIjX

1.1.b Switches L2 y L3

- Los Switches se utilizan para conectar varios dispositivos a través de la misma red dentro de un edificio u oficina
- Existen dos tipos básicos de switches: administrados no administrados
  - Los switches no administrados funcionan de forma automática no permiten realizar cambios.
  - Los switches administrados permiten su programación. Esto proporciona una gran flexibilidad porque el switch se puede supervisar ajustar de forma local o remota.
- Los switches L2 solo pueden conmutar tráfico, mientras que los switches L3 pueden conmutar enrutar el tráfico.

- Utiliza protocolos como Spanning Tree Rapid PVST + y LACP.
- Los tipos de puertos de switch son modo troncal modo de acceso.
- Reenvío de tráfico basado en direcciones MAC.
- Tenemos distintos tipos de switches calificados por Cisco (información actualizada al 2027):
  - Acceso LAN ==> Catalyst de la serie 1000, 9200, 9300 y 9400, Serie Meraki MS, Serie PON de Catalyst
  - Compactos para LAN ==> Serie Catalyst 1000, Microswitches Catalyst (nuevos), Serie de desarrollo digital de Catalyst, Catalyst de la serie 3560-CX, Meraki MS120-8
  - Núcleo y distribución de LAN ==> Catalyst de la serie 9400, 9500 9600, Serie Meraki MS400
  - Centro de datos ==> Nexus de la serie 9000, Nexus de la serie 3550, MDS 9000
  - Ethernet industrial ==> Cisco IE5000, Cisco IE4000, Catalyst resistente de la serie IE3400, Serie resistente Catalyst IE3400
  - Pequeñas empresas ==> Cisco Business de la serie 110,250,350, Serie Catalyst 1000

»»» Video: Switch de capa 2 y capa 3 - Fundamentos de la Red para el CCNA 200-301

https://youtu.be/FjR0tElJQj0?si=n_5tJxOK0B2XkNuh

»»» Video: Ejemplo de Configuración básica de un switch Cisco:

https://eclassvirtual.com/configuracion-basica-de-un-switch-cisco/

1.1.c Firewalls e IPS de próxima generación

- Los Firewalls o cortafuegos es un dispositivo de hardware o software que nos permite gestionar y filtrar tráfico entrante saliente que hay entre redes o dispositivos.
- Básicamente la función de un firewall es proteger las redes, los equipos host, servidores, etc., contra accesos acciones no deseados.
- Los firewalls de próxima generación o "NG-FW" proporcionan comprobaciones de seguridad adicionales en comparación con los firewalls legacy. Incluyendo visibilidad y control de aplicaciones.
- Un IPS es un software de prevención de intrusos, que monitorea redes equipos en tiempo real en busca de comportamientos sospechosos.
- Los IPS presentan una mejora importante sobre las tecnologías de Firewall tradicionales, al tomar decisiones basados en los contenidos del tráfico, en lugar de direcciones IP o puertos.
- "NGIPS" o próxima generación de IPS, contribuyen con protección avanzada contra malware, filtrado de URL, y DDoS.
- A medida que evolucionan los ciberataques, la seguridad de la red requiere un nivel más profundo de seguridad visibilidad para las empresas.
- Modelos de Firewalls Cisco disponibles en 2021:
  - Firepower serie 1000, 2100, 4100, 9300, Firewalls virtuales para nube privada, Firewalls virtuales para nube pública, ASA 5500-X con Firepower Services, Cisco Meraki serie MX
- Modelos de NGIPS Cisco disponibles en 2021:
  - Firepower serie 1000, 2100, 4100, 9000, Secure IPSu para VMware, Firepower Threat Defense para ISR

»»» Video: Next-generation firewalls and IPS para la certificación Cisco CCNA 200-301

https://eclassvirtual.com/firewall-y-filtrado-de-paquetes/

1.1.d Puntos de acceso (Access Point)

- Proporcionan conectividad inalámbrica que interconecta dispositivos móviles o tarjetas de red inalámbricas, para formar una red inalámbrica.
- La mayoría de los AP siguen el estándar de comunicación, 802.ll de la IEEE, lo que permite una compatibilidad con una gran variedad de equipos inalámbricos
- Se pueden implementar en modo autónomo o ligero.
- Los AP de modo autónomo no requieren un controlador LAN inalámbrico (WLC) se administran individualmente.
- Los AP de modo ligero requieren un controlador de LAN inalámbrica (WLC) se administran de forma centralizada. Este modo se usa más en redes empresariales.
- Los entornos de RF se pueden cambiar dinámicamente para mejorar la cobertura inalámbrica con AP en modo ligero administrados de forma centralizada.
- Modelos de Access Point Cisco 2021:
  - Wi-Fi 6 (802.llax) Catalyst ==> Catalyst 9105, 9115, 9117, 9120, 9130 Access Points
  - Cloud-managed wireless ==> Meraki MR36, MR46, MR56, MR86
  - 802.llac Wave 2 Aironet ==> Aironet 1800, 2800, 3800, 4800 Access Point, Aironet Active Sensor
  - Outdoor ==> Catalyst 9124 Series, Aironet 1540, 1560, 1570 Series
  - Industrial ==> Catalyst IW6300 Heavy Duty Series Access Points, 6300 Series Embedded Services Access Points, Industrial Wireless 3700 Series
  - Small business ==> Cisco Business 100, 200 Series

»»»» Video: Introducción a los Access Point para la certificación Cisco CCNA 200-301

https://youtu.be/c1AA87g3YR8?si=Hxpu4So5MBxHJBJy

1.1.e Controladores (Cisco DNA Center WLC)

- El servidor Cisco DNA Center (DNAC) es el centro de administración comando de red para Cisco DNA.
- Cisco DNA Center se encarga de recibir datos de forma telemática desde cada dispositivo (switch, router, punto de acceso controlador de acceso inalámbrico WLC) en la red.
- Se puede utilizar para automatizar los dispositivos de red en minutos.
- Aunque DNAC puede administrar dispositivos cableados como enrutadores switches, uno de sus mayores beneficios es la administración inalámbrica. Cuando se integra con un WLC de Cisco, se puede automatizar toda la configuración inalámbrica de la empresa. Incluso proporciona mapas de calor y datos de telemetría.
- Algunas funciones de Cisco DNA Center:
    - Apoyo en el diseño de la red utilizando flujos de trabajo intuitivos
    - Establecimiento de políticas para definir perfiles de usuarios dispositivos que faciliten el acceso seguro y la segmentación de la red según las necesidades del negocio
    - El "aprovisionamiento" reduce el tiempo de instalación o actualización del dispositivo de horas a minutos permite conectar nuevas oficinas remotas en línea con facilidad.
    - Garantía (Assurance), permite que cada punto de la red se convierta en un sensor, enviando información de manera continua sobre el rendimiento de la aplicación la conectividad del usuario en tiempo real
    - La solución funciona a través de una plataforma abierta extensible que permite que las aplicaciones y los procesos de terceros intercambien datos e inteligencia con Cisco DNA Center
- Modelos WLC disponibles al 2021:
    - Physical controllers ==> Catalyst 9800-40, 9800-80, 9800-L
    - Cloud controllers ==> Public cloud, Private cloud

- o Embedded wireless ==> Catalyst 9800 embedded on a Catalyst 9100 Access Point
- o Controllerless ==> Mobility Express

»»» Video: Ejemplo de Configuración de Wireless LAN Controller WLC y Lightweight Access Point Cisco:

https://eclassvirtual.com/configuracion-de-wireless-lan-controller-wlc-y-lightweight-access-point-cisco/

»»» Video: Plataforma de Administración de red Cisco DNA Center:

https://eclassvirtual.com/plataforma-de-administracion-de-red-cisco-dna-center-ccna-200-301/

1.1.f Dispositivos finales

- Dispositivos LAN que necesitan acceso a la red.
    - o Computadoras de escritorio.
    - o Computadoras portátiles.
    - o Tabletas o Estaciones de trabajo.
    - o Impresoras.
    - o Teléfonos IP.
- Los dispositivos finales cableados se conectan a switches LAN.
- Los dispositivos finales inalámbricos se conectan a puntos de acceso

1.1.g Servidores

- Dispositivos de DataCenter que necesitan acceso a la red.
    - o Base de datos.
    - o Hipervisores.
    - o Almacenamiento de archivos.
    - o Correo electrónico.
    - o Aplicación.

»»» Ejemplo de Armando un Servidor en Cisco Packet Tracer

https://eclassvirtual.com/armando-un-servidor-en-cisco-packet-tracer/

»»» Video clase Roles funciones de los Servidores

https://www.youtube.com/watch?v=ggt8hZ7JWCM&t=32s

1.2 Describir las características de las arquitecturas de topología de red

1.2.a 2 niveles (núcleo colapsado)

- Los diseños de 2 niveles combinan la funcionalidad de núcleo distribución en el primer nivel, más la capa de acceso, convirtiéndola en una arquitectura de 2 niveles. Esto se suele utilizar con redes más pequeñas.
- Características de un core o núcleo colapsado:
    o Reducción de costo al tener concentrado las funciones de core y distribución en un solo dispositivo (Core/Distribution)
    o Reducción de mantención y menos puntos de fallas
    o Para Centros de datos más pequeños

»»» Artículo relacionado: Arquitectura de topologías de redes CCNA 200-301:

https://eclassvirtual.com/arquitectura-de-topologias-de-redes-ccna-200-301/

1.2.b 3 niveles

- Los diseños de 3 niveles separan la funcionalidad principal de distribución en dispositivos dedicados. Usado normalmente en redes más grandes

- Las redes del campus constan de tres niveles.
  - Núcleo.
    - Puertas de enlace predeterminadas.
    - Enrutamiento de capa 3.
  - Distribución.
    - Agregación de enlaces donde se interconectan los enlaces de switch a switch en conexiones de fibra.
    - Conmutación de capa 2.
    - Generalmente todas las conexiones de fibra.
  - Acceso.
    - Donde los puntos finales se conectan a la red.
    - Generalmente todas las conexiones de cobre.

»»» Artículo relacionado: Arquitectura de topologías de redes CCNA 200-301:

https://eclassvirtual.com/arquitectura-de-topologias-de-redes-ccna-200-301/

1.2.c Spine-Leaf

- La arquitectura Spine-Leaf (espina-hoja), está pensada para centros de datos debido a su escalabilidad, fiabilidad unmejor rendimiento
- Las arquitecturas Spine y Leaf se introdujeron para soluciones de centros de datos como Cisco ACI y Fabric Path.
- Los switches Nexus se utilizan normalmente para esta arquitectura.
- Las claves del diseño son que no hay bucles de capa 2 y cada destino es alcanzable dentro de un máximo de dos saltos enrutados.

»»» Artículo relacionado: Arquitectura de topologías de redes CCNA 200-301:

https://eclassvirtual.com/arquitectura-de-topologias-de-redes-ccna-200-301/

1.2.d WAN

- Significa "Red de área amplia"
- La mayoría de los estándares WAN se centran en la capa física (capa 1 OSI) la capa de enlace de datos (capa 2 OSI)
- Los enrutadores se utilizan normalmente para esta arquitectura.
- Interconectar sitios a largas distancias.
- Internet es un ejemplo de una red WAN debido a la extensión del área que cubre.
- Términos relacionados a la WAN:
  - Data Terminal Equipment (DTE)
  - Data Communications Equipment (DCE)
  - Customer Premises Equipment (CPE)
  - Point-of-Presence (POP)
  - Punto de Demarcación
  - Loop Local (o last mile)
  - Oficina Central (CO, Central Office)
  - Toll network
  - Red de Retomo (Backhaul network)
  - Red Troncal (Backbone network)

1.2.e Oficina pequeña/ oficina en casa (SOHO)

- SOHO es un término que se aplica para denominar a los aparatos destinados a un uso profesional o semiprofesional pero que, a diferencia de otros modelos, no están pensados para asumir un gran volumen de trabajo.
- SOHO son pequeñas redes remotas que necesitan estar conectadas de forma segura a una WAN.
- Estos sitios normalmente solo tendrán una conexión a Internet local con algún tipo de solución de VPN (Virtual Private Network).
- Generalmente para uso de 1 a 10 usuarios

1.2.f On-premise & Cloud (En las instalaciones en la nube)

- On-premise, quiere decir que el servicio o software está instalado en los servidores y dispositivos locales de la empresa
- Todas las empresas tienen algunas aplicaciones críticas para ayudar a administrar su negocio. Estas aplicaciones se pueden ejecutar en servidores dentro del centro de datos de la empresa (On-premises) o en la nube en Internet (Cloud).
- Los servicios On-premise proporcionan un control total de la arquitectura la seguridad (que es responsabilidad del dueño), aunque los costos pueden resultar un poco más caro que los servicios en la nube
- En La nube la gran carga de administración está en el proveedor.
- AWS, Microsoft Azure Google Cloud son los tres principales proveedores de nube.

1.3 Comparar la interfaz física y los tipos de cableado

1.3.a Fibra monomodo, fibra multimodo, cobre.

- La Fibra Óptica consiste en un cable óptico, hecho principalmente de vidrio, de un diámetro ligeramente más grueso que un pelo de tu cabeza que si bien cuenta con un revestimiento flexible en su exterior, sigue siendo bastante delicado y de cuidado en su instalación mantención.
- Los dispositivos de red utilizan interfaces de red físicas para transmitir y recibir datos. Estas interfaces pueden ser de fibra óptica o de cobre.
- Los cables de fibra óptica son capaces de transmitir grandes cantidades de datos a largas distancias. Es un medio físico muy superior en comparación con el cableado de cobre.

- Los cables de fibra óptica se conectan a módulos transceptores ópticos específicos llamados "small form-factor pluggable" (SFP). La mayoría de las personas se refiere a ellos como SFP.
- La fibra monomodo se utiliza para largas distancias, es una fibra óptica en la que solo se propaga un modo de luz. Se logra reduciendo el diámetro del núcleo de la fibra hasta un tamaño (8,3 a 10 micrones) que solo permite un modo de propagación,
  o Casos de uso.
    - 1 Gig hasta 100 Gig.
    - De switch a switch.
    - De edificio a edificio.
    - De ciudad a ciudad.
- La fibra multimodo se utiliza para distancias más cortas.
  o Casos de uso.
    - 1 Gig hasta 100 Gig.
    - De switch a switch.
    - De armario a armario.
    - De piso a piso.
- El cableado de cobre se utiliza para distancias más cortas.
  o Casos de uso.
    - 10 Mega - 10 Gig.
    - De punto final a switch.
    - De servidor a switch.

»»»» Video: Tipos de Medio para el Acceso a la Red

https://youtu.be/V17j6i8p_J4?si=LUXGZ7QuVjecKMYi

1.3.b Conexiones (medios compartidos Ethernet punto a punto)

- En un entorno de medios compartidos, todos los dispositivos tienen acceso garantizado al medio, pero no tienen ninguna prioridad en dicho medio. Si más de un dispositivo realiza una transmisión simultáneamente, las señales físicas colisionan la red debe recuperarse para que pueda continuar la comunicación.

- Ethernet utiliza el acceso múltiple por detección de portadora detección de colisiones (CSMA/CD) para detectar y manejar colisiones.
- En la actualidad cada dispositivo final está en su propio dominio de colisiones, esto debido a que los dispositivos finales suelen conectarse a interfaces de switches que crean dominios de colisión por cada puerto de switch.
- Las conexiones punto a punto son cuando solo dos dispositivos están conectados lógica o físicamente.

1.3.c Conceptos de PoE

- La tecnología Power over Ethernet (PoE) es una tecnología para cable Ethernet LAN (redes de área local) que permite que la corriente eléctrica necesaria para el funcionamiento de cada dispositivo sea transportada por los mismos cables de datos, en lugar de usar los cables de alimentación por separado.
- Haciendo esto, se minimiza el número de cables que deben ser puestos para instalar la red. El resultado es un menor costo, menor tiempo de inactividad, mantenimiento más fácil una mayor flexibilidad de instalación que con el cableado tradicional.
- Casos de uso de PoE.
  - o Teléfonos IP.
  - o Cámaras IP.
  - o Puntos de acceso (Access Point)

»»»» Te comparto un artículo de Power over Ethernet(POE)

https://eclassvirtual.com/power-over-ethernet-poe-para-la-certificacion-ccna-200-301/

1.4 Identificar problemas de interfaz cable (colisiones, errores, dúplex no coincidentes / o velocidad)

- Los dispositivos de red pueden tener un rendimiento degradado si hay diferencias en la configuración de la interfaz o problemas de cableado.
- Estos son algunos problemas comunes a los que debe prestar atención:
    - Colisiones.
        - En entornos semidúplex, es posible que los dispositivos de red transmitan al mismo tiempo provoquen una colisión.
    - Errores.
        - En entornos semidúplex, se pueden esperar errores.
        - En entornos de dúplex completo, normalmente significa que puede haber un cableado o una NIC con problemas.
    - Diferencia de velocidad / dúplex.
        - La velocidad y el dúplex siempre deben coincidir entre los dispositivos de red conectados.
        - Aunque los dispositivos de red pueden negociar automáticamente la velocidad / dúplex con MDIX, no es raro que los equipos de diferentes proveedores no negocien con la misma configuración.
    - Todos los problemas mencionados anteriormente se pueden identificar ejecutando el comando "show interfaces", podemos ver las siguientes estadísticas:
        - Packets Input: total de paquetes entrantes sin errores
        - Bytes: total de b tes sin errores recibidos
        - No buffer: número de paquetes que no han podido ser procesados debido a que el buffer del sistema estaba lleno.

- Received Broadcasts: indica tráfico broadcast y multicast.
- Runts: paquetes ignorados porque no tenían el tamaño mínimo exigido (en Ethernet menos de 64 bytes)
- Giants: paquetes que exceden el tamaño máximo exigido MTU (por defecto 1518 bytes)
- Input errors: contador de errores que incluye runts, giants, no buffer, CRC, frame, overrun, e ignored counts.
- CRC: sus valores aumentan cuando el checksum (cyclic redundancy checksum) generado en el otro extremo no coincide con el calculado cuando se reciben los datos.
- Frame: número de paquetes recibidos con errores CRC con un número de octetos no entero.
- Overrun: número de veces en las que el dispositivo no pudo manejar los datos entrantes por que se excedió la capacidad del buffer de datos.
- Ignored: paquetes ignorados por que los buffers internos se quedaban sin espacio.
- Input packets with dribble condition detected: indica cuando una trama recibida es demasiado grande. La trama se acepta igualmente.
- Packets Output: número total de paquetes enviados por la interfaz.
- Bytes: total de bytes enviados por la interfaz.
- Output Errors: Contador de todos los errores de salida.
- Collisions: número de colisiones Ethernet, normalmente provocados por fallos de negociación (duplex mismatch).
- Interface resets: número de veces que la interfaz ha sido reiniciada.

- Late collisions: colisiones Ethernet provocadas (normalmente) por cables demasiado largos.

1.5 Comparar TCP con UDP

- La principal diferencia entre TCP UDP pasa fundamentalmente por el sistema de verificación de la transmisión de la información entre el dispositivo emisor y el dispositivo receptor.
- El protocolo TCP es un protocolo de transporte orientado a conexión, mientras que el protocolo UDP no lo es. De esta manera, el protocolo TCP verifica la conecta transmisión de los datos entre los dispositivos emisores y los receptores, mientras que el protocolo UDP no lo hace (la verificación la realiza la aplicación en cuestión).
- Por esto, el protocolo UDP cuenta con una velocidad de transmisión superior a la del protocolo TCP, aunque lo hace a costa de una pérdida de precisión en la transmisión de la información.
- El protocolo TCP cuenta con un sistema de control de congestión de flujo del tráfico, mientras que el protocolo UDP carece de el.
- El tamaño de la cabecera del protocolo TCP es de 20 bytes, mientras que el del protocolo UDP es de solo 8 bytes. Esto responde a la necesidad del protocolo TCP de incluir más información en los paquetes para comprobar subsanar después los posibles errores de transmisión.
- TCP
  - o Fiabilidad
    - Alta
  - o Velocidad
    - Más baja Alta
  - o Método de transferencia
    - Los paquetes se envían en una secuencia
  - o Detección corrección de errores
    - Si
  - o Control de congestión

- - - Si
    - o Acuse de recibo
      - - Si
- UDP
  - o Fiabilidad
    - - Más baja
  - o Velocidad
    - - Alta
  - o Método de transferencia
    - - Los paquetes se envían en un flujo
  - o Detección
    - - No
  - o Control de congestión
    - - No
  - o Acuse de recibo
    - - Solo el checksum

»»» Video Clase: Comparación de los protocolos TCP y UDP:

https://eclassvirtual.com/comparacion-de-los-protocolos-tcp-y-udp/

1.6 Configurar verificar el direccionamiento subredes de IPv4

- Configuración del direccionamiento IP de la interfaz LAN de un router.
  - o Esta red utilizará una dirección RFC-7978 ya que es una red interna (privada)
    - - *R1# conf t*
    - - *R1(config)# interface G0/0/0*
    - - *R1(config-if)# ip address 10.1.1.1 255.255.255.0*
- Configuración del direccionamiento IP de la interfaz WAN de un router.
  - o Esta red utilizará una dirección IP pública ya que es una red externa (publica)

- *R1# conf t*
- *R1(config)# interface G0/0/1*
- *R1(config-if)# ip address 100.1.1.1 255.255.255.0*

»»» Video: Como hacer subnetting paso a paso - Cisco CCNA

https://youtu.be/tXm9FILp78o?si=bUVZIBHLREC52yhj

»»» Video: Ejercicios de Subnetting IPv4

https://youtu.be/4H6fZDzGncM?si=xI6M362zHA3oiSID

»»» Video: Ejercicio de calculo de VLSM

https://youtu.be/rV2h7HB1doA?si=8zryZf46ahnShEew

1.7 Describir la necesidad de direccionamiento IPv4 privado

- Existe un suministro limitado de direcciones de red IPv4. Una vez que las redes comenzaron a crecer en todo el mundo, se comprendió que, si no se hacía algo pronto, el mundo se quedada sin direcciones IPv4.
- El uso de la dirección IP de red se determina según las especificaciones de los RFC. Así es como se sabe qué tipo de dirección debe usarse para cada caso de uso.
- Para extender la vida útil del direccionamiento IPv4, se definió RFC-1918. RFC-1918 define rangos de direcciones IPv4 específicos que solo deben usarse para redes privadas que no se usan en Internet.
- RFC-1918 (direcciones privadas) Rangos de IP.
  - 10.0.0.0 - 10.255.255.255 (prefijo 10.0.0.0/8)
  - 172.16.0.0 - 172.31.255.255 (prefijo 172.16.0.0/12)

- 192.168.0.0 - 192.168.255.255 (prefijo 192.168.0.0/16)

»»» Pregunta de direccionamiento IP para el examen CCNA Cisco, Video Clase:

https://eclassvirtual.com/pregunta-de-direccionamiento-ip-para-el-examen-ccna-cisco/

1.8 Configurar y verificar el prefijo el direccionamiento de IPv6

- Configuración de direccionamiento IPv6 de la interfaz de un router.
  - *R1# conft*
  - *R1(config)# interface G0/0/0*
  - *R1(config-if)# IPv6 address 2001:1::1/64*

»»» Video: Configuración de direccionamiento IPv6

https://youtu.be/qbOMG0oYHpo?si=mHmJ4wEZ3TW2J1tr

»»» Video: Configuración de enrutamiento estático IPv4 e IPv6 practica para el CCNA

https://youtu.be/kAG3nor3Gms?si=QBIsdmJVMbBKqc0Z

1.9 Comparar tipos de direcciones IPv6

- Ha varios tipos diferentes de direcciones IPv6.
  - 1.9.a Unicast global.
    - Similar a las direcciones públicas IPv4.
    - Rango - 2000::/3□
  - 1.9.b Local único.
    - Similar a las direcciones privadas IPv4.
    - Rango - FD00::/8
  - 1.9.c Enlace Local.

- No ruteable y solo para VLAN local.
- Autogenerado
- Rango FE80::/10
  - 1.9.d Anycast.
    - Una dirección IPv6 que se asigna a varios nodos.
    - Se utiliza para proporcionar redundancia y flujos de tráfico optimizados
  - 1.9.e Multidifusión.
    - Similar a las direcciones de multidifusión IPv4
    - Rango FF00::/8
  - 1.9.f EUI 64 modificado.
    - Un método utilizado para generar automáticamente direcciones de host IPv6

»»» Tipos de direcciones IPv6 Cisco CCNA

https://eclassvirtual.com/tipos-de-direcciones-ipv6-cisco-ccna/

»»» Video Clase: Entendiendo IPv6 EUI-64

https://eclassvirtual.com/entendiendo-ipv6-eui-64-para-el-ccna/

1.10 Verificación de los parámetros de IP para el SO cliente (Windows, Mac OS, Linux)

Cada sistema operativo tiene diferentes comandos de red que puede utilizar para verificar la configuración de red.

1.10.a Windows

- Cómo verificar los parámetros de IP de la interfaz.

- o Inicie la aplicación de símbolo del sistema por buscando "símbolo del sistema" con una búsqueda de Windows.
- o Luego ejecute el comando **"ipconfig /all"**.

1.10.b Mac OS

- Cómo verificar los parámetros de IP de la interfaz.
  - o Inicie el terminal ubicado en/ Aplicaciones /Utilidades/
  - o Luego ejecute el comando **"ifconfig"**.

1.10.c Linux

- Cómo verificar los parámetros de IP de la interfaz.
  - o Inicie la aplicación de terminal buscando "terminal" con una búsqueda de aplicación.
  - o Luego ejecute el comando "**ifconfig**".

1.11 Describir los principios inalámbricos

- Todos los estándares WLAN están incluidos en las series IEEE 802.11
- Los estándares IEEE 802.11 son:

Estándar	2,4GHz	5GHz	Velocidad	Fecha
802.11	Si	No	2 Mbps	1997
802.11b	Si	No	11 Mbps	1999
802.11a	No	Si	54 Mbps	1999
802.11g	Si	No	54 Mbps	2003
802.11n	Si	Si	600 Mbps	2009
802.11ac	No	Si	6.93 Gbps	2003
802.11ax	Si	Si	4x802.11ac	2019

- Un cliente inalámbrico un AP solo pueden comunicarse si ambos soportan aceptan usar el mismo tipo de normativa.

1.11.a Canales WiFi que no se superponen

- La tecnología inalámbrica Wifi utiliza 2 bandas de frecuencia, correspondientes a 2.4 GHz 5.0 GHz.
- Las frecuencias inalámbricas que se utilizan para envíar datos por aire se dividen en bandas más pequeñas conocidas como canales.
- Los canales inalámbricos no deben superponerse en un entorno de RF.
- Los canales superpuestos pueden causar interferencias degradar el rendimiento inalámbrico.

  »»» Artículo: Frecuencias y canales en redes LAN inalámbricas WIFI

  https://eclassvirtual.com/frecuencias-y-canales-en-redes-lan-inalambricas-wifi/

1.11.b SSID

- El SSID (Service Set IDentifier) o identificador de paquetes de servicio, es el nombre que identifica a una red inalámbrica WIFI en el que viaja junto con cada paquete de información.
- Todos los dispositivos inalámbricos que intentan comunicarse entre si deben compartir el mismo SSID
- El SSID puede ser o no visible según si está habilitada su difusión
- El estándar 802.11 permite que dos clientes inalámbricos se comuniquen entre sí, sin necesidad de otros medios de red, conocido como red ad-hoc o IBSS
- BSS (Basic Service Set) centraliza el acceso y controla sobre el grupo de dispositivos inalámbricos utilizando un AP (Access Point) como un concentrador de la red

- En este caso los AP utilizan un identificador BSS único llamado BSSID que se basa en la propia dirección MAC de radio del AP
- Un AP puede funcionar como un sistema autónomo a su vez ser un punto de conexión hacia una red Ethernet tradicional porque dispone de capacidad inalámbrica y de cableado. Los AP situados
- en sitios diferentes pueden estar conectados entre ellos con una infraestructura de Switching. Esta topología recibe el nombre en el estándar 802.11 ESS (Extended Service Set).
- En ESS un cliente puede asociarse con un AP, pero si el cliente se muere a una localización diferente puede intercambiarse con otro AP más cercano

1.11.c RF

- El concepto de radiofrecuencia se emplea para nombrar a las frecuencias del espectro electromagnético que se utilizan en las radiocomunicaciones
- La radiofrecuencia, es la parte del espectro electromagnético que abarca desde los 3 kilohercios hasta los 300 gigahercios
- Las señales de radiofrecuencia (RF) se utilizan para comunicarse entre dispositivos inalámbricos.
- El transmisor y el receptor deben estar en la misma frecuencia para transmitir la misma señal

1.11.d Cifrado

- Los métodos de cifrado se utilizan para proteger las transmisiones inalámbricas.
- Si la red inalámbrica no está asegurada con algún tipo de cifrado, es posible que usuarios no autorizados accedan a ella obtengan información confidencial o puedan utilizar tu conexión para fines maliciosos.
- Tipos de cifrado inalámbrico.
  - WPA2 +AES* La opción más segura. (Ahora existe WPA3)
  - WPA + AES.

- WPA + TKIP / AES (TKIP existe como método alterativo).
- WPA TKIP.
- WEP (Wireless Equivalence Protocol)
- Red abierta (sin seguridad en absoluto).

»»» Video clase, como configurar un Wireless Router en Cisco Packet Tracer:

https://eclassvirtual.com/como-configurar-un-wireless-router-en-cisco-packet-tracer/

1.12 Explicar los fundamentos de la virtualización (máquinas virtuales)

- A medida que pasa el tiempo, se virtualizan más y más recursos.
- La virtualización es el proceso de crear una versión lógica de algo como una aplicación, servidor, almacenamiento o red.
- La virtualización permite mejorar la agilidad, la flexibilidad la escalabilidad de la infraestructura de TI, al mismo tiempo que proporciona un importante ahorro de costos
- Las máquinas virtuales o Virtual machines (VM) son usadas para virtualizar servicios tales como AD, DNS, DHCP and WEB.
- Soluciones de Virtualización.
  - VMware.
  - Hyper-V
  - VirtualBox
  - Oracle VM
  - Cloud.
- Beneficios de la Virtualización.
  - Reducción de costos operativos de capital.
  - Capacidad de recuperación
  - Tiempo de inactividad minimizado.
  - Mayor productividad y eficiencia TI.

- o Aprovisionamiento más rápido de aplicaciones recursos.
- o Mayor continuidad comercial recuperación ante desastres.
- o Gestión simplificada del Data Center.

1.13 Describir los conceptos de conmutación

- Las tecnologías de conmutación de tramas se basan en el uso de un dispositivo llamado switch.
- Los switches Cisco utilizan 2 métodos de conmutación para el envío de sus tramas de manera interna. Estos métodos son Store- And-Foreward y Cut-Through.
- El método Store-And-Foreward, toma una decisión de reenvío en una trama después de haber recibido toda la trama y haber comprobado que no hay (CRC)
- El método Cut-Through, inicia el proceso de reenvío después de que se hayan determinado la dirección MAC de destino de una trama entrante y el puerto de salida
- Para el caso de conmutación de tramas unicast existen 3 posibles acciones:
  - o Filtering ==> La trama no se reenvía
  - o Forwarding ==> La trama se reenvía exclusivamente al puerto vinculado a la MAC de destino.
  - o Flooding ==> La trama se copia a todos los puertos salvo aquel en el que se recibió
- La acción de Flooding se usa cuando la MAC de destino no se encuentra en la tabla
- La acción de forwarding se usa cuando la MAC de destino si se encuentra en la tabla
- Si los dispositivos finales están en el mismo dominio de capa 2 (VLAN), sus direcciones MAC se pueden usar para reenviar tramas Ethernet directamente entre sí. Esto se logra con la conmutación L2.
- Cuando un dispositivo final se conecta a un puerto de switch, el switch aprende su dirección MAC la almacena en la tabla

CAM (también conocida como tabla de direcciones MAC). Una vez que un switch conoce todas las direcciones MAC de la red, puede usarlas para reenviar tramas Ethernet.

1.13.a Aprendizaje y envejecimiento de MAC

- Los switches crean tablas de direcciones MAC (tabla CAM) mediante el aprendizaje de las direcciones MAC de origen de las tramas de Ethernet que se reciben en los puertos del switch.
  - o El dispositivo final envía la trama Ethernet por medio de su NIC a su puerto del switch conectado.
  - o El switch recibe la trama de Ethernet busca la información de la dirección MAC.
  - o El switch agrega la dirección MAC de origen a su tabla Cam asignada a la interfaz en la que se recibió.
  - o De forma predeterminada, la información de la dirección MAC aprendida caduca después de 300 segundos (5 min).

»»» Video: Que son las MAC Address para la Certificación Cisco CCNA

https://youtu.be/DpC5xWrWHFs?si=0OiZEQU6kVxlB8H6

1.13.b Conmutación de tramas

- Cuando un switch recibe una trama, verá si la MAC de destino se conoce en la tabla de direcciones MAC. Si es así, enviará la trama por el puerto en el que se aprendió la MAC (Forwarding)

1.13.c Inundación de tramas

- Si un switch recibe una trama y no tiene una entrada en la tabla de direcciones MAC para la MAC de destino, enviará la trama a todos los demás puertos del switch en el mismo dominio de broadcast (Flooding)

35

1.13.d Tabla de direcciones MAC

- Para ver qué direcciones MAC han sido aprendidas por la tabla CAM, podemos usar el comando "show mac address-table".

»»» Video: Conociendo la Tabla de Direcciones MAC en Switch Cisco

https://youtu.be/X-IX_5EEIeI?si=D9Hb5ItQQo7EDgwL

Acceso a la Red

2.1 Configurar y verificar las VLAN (rango normal) que abarcan varios conmutadores

2.1.a Puertos de acceso (datos voz)

- Los puertos de acceso (también denominados puertos de borde) son donde los equipos finales se conectan o lo red.
- Ejemplos de terminales que se conectorían o puertos de acceso.
  - Computadoras.
  - Teléfonos.
  - Cámaras.
  - Impresoras.
  - Puntos de acceso inalámbricos.
- Los puertos de acceso de datos no están diseñados para etiquetado (togging) de VLAN. Por lo tanto, los dispositivos conectados deben enviar tramas sin etiquetar
- Cuando se recibe tráfico de datos sin etiquetar en un puerto de acceso, la "vlan de acceso" provisto en lo interfaz determinará o qué VLAN reenviará el tráfico.
- Habilitando el modo de acceso en una interfaz.
  - *Switch#conf t*
  - *Switch(config)# interface f0/1*
  - *Switch(config-if)# switchport mode access*
- Asignar membresía de VLAN a uno interfaz en modo de acceso.
  - *Switch# conf t*
  - *Switch(config)# interface f0/1*
  - *Switch(config-if)# switchport mode access*
  - *Switch(config-if)# switchport access vlan 10*
- Los teléfonos IP conectados a puertos de acceso requieren etiquetado VLAN. El tráfico telefónico debe asignarse a una

VLAN de voz. Así es como se puede usar un solo puerto de conmutador para voz + datos al mismo tiempo.

- Asignación de membresía de VLAN de voz a una interfaz en modo de acceso.
  o *Switch(config)# interface f0/1*
  o *Switch(config-if)# switchport voice vlan 21*
- Verificar el estado de la interfaz de acceso.
  o *Switch# show interface f0/1 switchport*

»»» Video clase, Configuración de una red con VLANs

https://eclassvirtual.com/configuracion-de-una-red-con-vlans/

»»» Video clase, Configuración de interfaces VLAN:

https://eclassvirtual.com/configuracion-interfaces-vlan/

»»» Video clase, Configuración de VLANs e Inter Vlan Routing

https://www.youtube.com/watch?v=YNz1F8qMG-I&t=25s

»»» Video clase, Configuración de Conectividad Interswitch - Cisco Packet Tracer

https://www.youtube.com/watch?v=Hp1uC-Op43w

2.1.b VLAN predeterminada.

- De forma predeterminada, los puertos de un switch Cisco se asignan a la VLAN 1.
- Hacer participar a todos los puertos de switch en la VLAN predeterminada los hace a todos parte del mismo dominio de broadcast. Esto admite cualquier dispositivo conectado a cualquier puerto de switch para comunicarse con otros dispositivos en otros puertos del switch

- La VLAN 1 tiene todas las características de cualquier VLAN, excepto que no la podemos volver a denominar no se puede eliminar.
- El tráfico de control de Capa 2, como CDP el tráfico del protocolo spanning tree se asociará siempre con la VLAN 1 no se puede cambiar.
- La mejor práctica es no usar la VLAN 1 cuando sea posible.

2.2 Configurar verificar la conectividad entre conmutadores

2.2.a Puertos troncales o Trunk

- Los puertos troncales se utilizan para conexiones que necesitan enviar datos en múltiples VLAN.
- Un enlace troncal de VLAN permite extender las VLAN a través de toda una red
- Los puertos troncales normalmente se usan para conexiones entre switches.
- Los ID de VLAN se agregan a las tramas de Ethernet como una etiqueta (tag). Esta es la razón por la que los puertos troncales a menudo se denominan etiquetados (tagged).
- Habilitando el modo troncal en una interfaz.
  - *Switch# conf t*
  - *Switch(config)# interface f0/1*
  - *Switch(config-if)# switchport mode trunk*
- Verificar el estado troncal (trunk) de la interfaz
  - *Switch# show interfaz trunk*

2.2.b 802.lQ

- El estándar 802.lQ define VLAN tagging en una trama Ethernet.
- Cisco admite IEEE 802.lQ para la gestión de enlaces troncales

- El encabezado de trama no contiene la información que indique a qué VLAN pertenece la trama para esto se logra por medio de la utilización del encabezado de encapsulación 802.lQ. Este encabezado agrega una etiqueta a la trama de Ethernet original especifica la VLAN a la que pertenece la trama.
- 802.1Q en realidad no encapsula la trama original, sino que añade 4 b tes al encabezado Ethernet original. El valor del campo EtherType se cambia a 0x8100 para señalar el cambio en el formato de la trama

  »»» Video Clase, Configuración de 802 1Q y VLAN Nativa Cisco CCNA

  https://youtu.be/SvWght-GPPQ?si=bVDMd5yy1M1A3DK1

2.2.c VLAN nativa

- Los puertos troncales de Cisco pueden tener una VLAN sin etiquetar que se llama VLAN nativa.
- La VLAN nativa predeterminada es la VLAN 1
- Solo se puede tener una VLAN nativa por puerto
- El tráfico que se reenvía desde un puerto troncal que reside en la VLAN nativa se reenviará sin una etiqueta de VLAN.
- La VLAN nativa no debe ser la de gestión, por seguridad.
- Cambiar la VLAN nativa de la 1 cualquier otra como medida de seguridad.
- Ejemplo de configuración de VLAN nativa.
  - *Switch# conf t*
  - *Switch(config)# interface f0/1*
  - *Switch(config-if)# switchport trunk native vlan 20*
- Verificación de la VLAN nativa.
  - *Switch# show interface trunk*

2.3. Configurar verificar los protocolos de descubrimiento de Capa 2 (Protocolo de descubrimiento de Cisco LLDP)

- CDP (Cisco Discovery Protocol)
    - Protocolo propietario de Cisco que se puede utilizar para descubrir información sobre dispositivos conectados directamente. Está habilitado de forma predeterminada en la mayoría de los dispositivos Cisco.
    - Es un protocolo de red propietario de capa 2
    - La información contenida en los anuncios CDP varía con el tipo de dispositivo y la versión del sistema operativo que corra. Dicha información incluye la versión del sistema operativo, el nombre de equipo, todas las direcciones de todos los protocolos configurados en el puerto al que se enu1a la trama CDP (por ejemplo, la dirección IP), el identificador del puerto desde el que se envía el anuncio, el tipo modelo de dispositivo, la configuración duplex/simplex, el dominio VTP, la VLAN nativa, el
    - consumo energético (para dispositivos PoE) y además información específica del dispositivo.
    - Cisco recomienda deshabilitar CDP por seguridad
    - El comando "show cdp Neighbor" se puede usar para mostrar la información aprendida por CDP. Comando CDP para ver a vecinos en detalle:
        - *Switch# sho cdp neighbor detail*

    »»» Artículo, Que es y para qué sirve el comando CDP:

    https://eclassvirtual.com/que-es-y-para-que-sirve-el-comando-cdp/

- LLDP (Linl Layer Discovery Protocol)
    - LLDP, estándar IEEE 802.1AB

- o Similar a CDP excepto que es un protocolo estándar abierto que puede ser utilizado por cualquier fabricante, incluido Cisco. No está habilitado de forma predeterminada en los dispositivos Cisco.
- o LLDP nos ayuda a recopilar información de equipos conectados a equipos Cisco y de otros fabricantes
- o Solo trabaja en la capa 2 del modelo OSI
- o Utiliza campos TLV para intercambiar información
- o Habilitación de LLDP en los puertos de switch de Cisco.
  - *Switch# conf t*
  - *Switch(config)# lldp run*
- o Ver vecinos LLDP
  - *Switch# show lldp neighbors*

»»» Video clase, Los protocolos de capa 2, CDP -y LLDP:

https://eclassvirtual.com/los-protocolos-de-capa-2-cdp-y-lldp-ccna-200-125/

2.4 Configurar y verificar (Capa 2/Capa 3) EtherChannel (LACP)

- La tecnología EtherChannel se basa en el estándar IEEE 802.3ad, aunque ahora se define en el estándar más moderno IEEE 802.1AX para las redes de área local y metropolitano.
- Los EtherChannels son uno opción de configuración que permite agrupar lógicamente múltiples interfaces físicos para proporcionar redundancia y rendimiento de enlaces adicionales.
- Esta agrupación es tratada como un único enlace y permite sumar la velocidad nominal de cada puerto físico usado y así obtener un enlace troncal de alta velocidad.
- LACP es un protocolo estándar que los dispositivos de red pueden utilizar para negociar un enlace EtherChannel.
- Debido a que LACP es un estándar IEEE, se puede usar para facilitar los EtherChannels en entornos de varios proveedores

- LACP permite que un switch negocie un grupo automático mediante el envío de paquetes LACP al peer.
- Los modos LACP son:
    o LACP activo: en este modo LACP coloco un puerto en estado de negociación activo
    o LACP pasivo: en este modo LACP coloco un puerto en estado de negociación pasivo
    o Para que se establezca el EtherChannel, al menos uno de los dos nodos debe estar en modo activo.
- Configuración del puerto troncal de Etherchannel de capa 2 con LACP.
    o *Switch# conf t*
    o *Switch(config)# interface range g1/0/1-4*
    o *Switch(config-it-range)# channel-group 1 mode active*
    o *Switch(config-it-range)# exit*
    o *Switch(config)# interface port-channel1*
    o *Switch(config-if)# switchport mode trunk*
- Configuración de EtherChannel de capa 3 con LACP.
    o *Switch# conf t Switch(config)#interface range g1/0/1-4 Switch(config-it-range)# no switchport Switch(config-it-range)# channel-group 1 mode active Switch(config-it-range)# exit Switch(config)# interface port-channel1 Switch(config-if)#ip address 10.0.0.1 255.255.255.252*
- Verificar el estado de Etherchannel.
    o *Switch# show etherchannel summary*

»»» Video clase, EtherChannel Capa 2 para la Certificación Cisco CCNA 200-301

https://youtu.be/AZ_kvhgOKBw?si=VnI_P1XOjmzqFhwl

2.5 Describir la necesidad y las operaciones básicas de Rapid PVST + Spanning Tree

Protocol e identificar las operaciones básicas

- STP (Spanning Tree Protocol) es un protocolo de red de capa 2 del modelo OSI (capa de enlace de datos)
- STP, estandarizada por el IEEE (IEEE 802.1D)
- STP es transparente a las estaciones de usuario
- En topologías de Switching redundantes, el reenvío de direcciones MAC es susceptible a bucles de tráfico de capa 2 que pueden causar tormentas de broadcast y dejar redes inoperables.
- Spanning-tree (STP) es un protocolo que se utiliza para evitar estos bucles de tráfico de capa 2 o loops
- El protocolo permite a los switches activar o desactivar automáticamente los enlaces de conexión, de forma que se garantice la eliminación de bucles.
- STP asegura que exista sólo una ruta lógica entre todos los destinos de la red, al realizar un bloqueo de forma intencional a aquellas rutas redundantes que puedan ocasionar un bucle cerrado.
- Por defecto, los switches Cisco ejecutan el PVST para la prevención de bucles. PVST son las siglas de "Per-VLAN Spanning Tree" significa que cada VLAN puede tener su propia topología STP.
- Rapid PVST+ spanning-tree es similar a PVST, pero con una convergencia más rápida. Se considera la mejor práctica.
- El protocolo Rapid PVST+ es el estándar IEEE 802.1w.
- Habilitar globalmente Rapid PVST +.
  - *Switch#conf t*
  - *Switch(config)# spanning-tree mode rapid-pvst*

»»» Video clase, Entendiendo Spanning Tree Protocol para la Certificación Cisco CCNA

https://youtu.be/atEXQ9zNPAk?si=yDf6kOMRezvjYjB7

2.5.a Root bridge, root port y otros nombres de puertos

- Puente raíz (root bridge): En cada topología STP de switches, es elegido un root bridge principal. Actúa como el punto central de referencia para la topología. Todos los puertos del root bridge siempre estarán en el estado de reenvío (forwarding).
    - o Un proceso de elección determina el switch que se transforma en el puente raíz
    - o Los root bridge se eligen en función de tener la prioridad de puente (bridge priority) más baja.
    - o De forma predeterminada si todos los switches tiene la misma prioridad de puente, el switch con la dirección MAC más baja ganará la elección de root bridge.
- Puerto raíz (root port): cada switch en una topología STP elige el puerto más cercano al root bridge como su root port. Este puerto siempre está en estado de reenvío.
- Puerto designado (designated port): puertos no raíz que no están en estado de bloqueo. Este tipo de puerto siempre está en estado de reenvío.
- Puerto alterativo: el único puerto de la topología STP que permanece en estado de bloqueo.

2.5.b Estados de puerto (reenvío / bloqueo).

- Los puertos de switch que ejecutan Rapid PVST + funcionan en tres estados de puerto diferentes.
    - o Descartando: en este estado de un puerto de switch cuando aparece por primera vez en modo de bloqueo.
    - o Aprendizaje: en este estado, el puerto de switch comienza a aprender direcciones MAC.
    - o Reenvío: en este estado final, el puerto de switch comienza a reenviar realmente el tráfico.

2.5.c Beneficios de PortFast.

- PortFast es una función que permite a las estaciones de usuarios finales obtener acceso inmediato a la red de capa 2
- Algunos dispositivos de red no pueden funcionar correctamente mientras esperan que Rapid PVST + pase al estado de reenvío. Un ejemplo sería un equipo final que está solicitando dirección IP a un Servidor de DHCP mientras se encuentra en los estados del puerto de descarte o aprendizaje.
- Con la función PortFast, los puertos de switch pueden pasar directamente al estado de reenvío y omitir los dos primeros estados (descarte aprendizaje).
- PortFast solo debe usarse en puertos de acceso o edge, que no tendrán conexión a otros switches, a que omite las comprobaciones de prevención loops por medio de Rapid PVST +.
- Habilitación de PortFast en una interfaz:
  - Switch# conf t
  - Switch(config)# spanning-tree portfast

  »»» Artículo, Introducción a Spanning Tree Protocol STP:

  https://eclassvirtual.com/introduccion-a-spanning-tree-protocol-stp/

  »»» Video clase, Configuración de opcionales de spanning tree protocol STP para el CCNA:

  https://eclassvirtual.com/configuracion-de-opcionales-de-spanning-tree-protocol-stp-para-el-ccna/

2.6 Compare las arquitecturas inalámbricas de Cisco y los modos AP

- Cisco cuenta con 2 arquitecturas de despliegue inalámbrico:
  - La red inalámbrica como servicio (Naas) en la nube
    - Es la propuesta de Meraki.

- Hay diferente tratamiento para el tráfico de datos y de control del que se da al tráfico de gestión.
- El tráfico de gestión se concentra en la nube.
- El tráfico de datos y de control se resuelve localmente.
- Es muy escalable y de despliegue rápido.
- El costo inicial de la inversión es más reducido (menor Opex).

o Arquitectura Cisco Unified Access, en las instalaciones del cliente y no en la nube
  - Access Point Autónomos ==> operan de forma autónoma si la necesidad de in controlador central utiliza APs Aironet autónomos, basados en IOS
  - Centralizado ==> AP que operan con un controlado inalámbrico, utilizan un túnel encriptado gestionado utilizando CAPWAP, se utilizan APs Aironet basados en controlador, con controladores basados en AireOS
  - Flex Connect ==> En este tipo de implementación, el tráfico de gestión se mantiene centralizado en el controlador, el tráfico de datos se puede resolver localmente en cada AP o de modo centralizado en el controlador según convenga se requiera, en el caso se utilizan los mismos APs Aironet (solamente deben soportar este modo de operación) controladores basados en AireOS.
  - Convergente ==> En este caso el controlador inalámbrico se encuentra integrado en el mismo switch de acceso, con lo que si bien el tráfico de datos, control gestión sigue centralizado en el controlador, el mismo se encuentra en el switch de acceso con lo que se elimina el controlador dedicado como un único punto de concentración de tráfico dentro de la red, en este caso se utilizan los mismos

APs Aironet basados en controlador (se sigue implementando CAPWAP para la operación entre AP y controladores) con switches LAN basados en IOS-XE

2.7 Describir las conexiones de infraestructura física de los componentes de WLAN (AP, WLC, puertos de acceso/troncales LAG)

- Para reenviar tráfico inalámbrico a la red cableada, los AP y los WLC necesitan algún tipo de conexión física.
- Conexiones WLC
  - o Los WLC normalmente tienen un puerto troncal que se conecta a los dispositivos de Core Switching. Esto se debe a que normalmente se usan varias VLAN para diferentes SSID
  - o Un puerto troncal WLC puede ser un solo enlace, pero la mejor práctica es usar un "Link Aggregation Group" LAG (EtherChannel). Los WLC de Cisco no admiten ningún protocolo de negociación LAG, como LACP o PaGP. Por lo tanto, se debe configurar los puertos del switch en modo "on" de manera que los puertos que forman el EtherChannel estén siempre activos.
- Conexiones de AP
  - o AP de modo local: dado que los AP de modo local hacen un túnel de los datos de los dispositivos finales, los puertos de modo de acceso del WLC deben usarse en una red de administración de AP dedicada.
  - o Modo AP FlexConnect: Dado que los AP en modo de conexión flexible enuían datos desde el dispositivo final a la conexión por cable local, los puertos troncales deben usarse para permitir múltiples VLAN de datos inalámbricas.

»»» Video clase, Como configurar un Wireless Router en Cisco Packet Tracer

https://eclassvirtual.com/como-configurar-un-wireless-router-en-cisco-packet-tracer/

2.8 Describir las conexiones de acceso de administración de AP y WLC (Telnet, SSH, HTTP, HTTPS, consola TACACS + / RADIUS)

- Administración de AP
  - o Una vez que los AP ligeros (lightweight) se registran, son administrados por el WLC y no debería necesitar acceder a ellos directamente.
- Administración de WLC
  - o Los WLC se administran principalmente a través de HTTPS SSH
  - o Se admite administración local o Tacacs + / Radius AAA.
-
- Acceso Telnet:
  - o Abre una terminal de comandos en tu computadora.
  - o Utiliza el comando telnet [dirección IP del AP o WLC] para establecer una conexión Telnet. Por ejemplo, telnet 192.168.1.1.
  - o Ingrese el nombre de usuario y contraseña cuando se te solicite para acceder al dispositivo.
- Acceso SSH:
  - o Abre una terminal de comandos en tu computadora.
  - o Usa el comando ssh [nombre de usuario]@[dirección IP del AP o WLC] para iniciar una sesión SSH. Por ejemplo, ssh admin@192.168.1.1.
  - o Ingresa la contraseña cuando se te solicite.
- HTTP (sin cifrado):
  - o Abre un navegador web.

- Ingresa la dirección IP del AP o WLC en la barra de direcciones, por ejemplo, http://192.168.1.1.
- Deberías ser redirigido a la página de inicio de sesión del dispositivo, donde podrás ingresar tu nombre de usuario y contraseña.
- HTTPS (cifrado):
  - Abre un navegador web.
  - Ingresa la dirección IP del AP o WLC en la barra de direcciones, por ejemplo, https://192.168.1.1.
  - Asegúrate de que el sitio web esté configurado con un certificado SSL válido. Luego, deberías ser redirigido a la página de inicio de sesión, donde podrás ingresar tus credenciales.
- Consola:
  - Conecta un cable de consola serial entre tu computadora y el puerto de consola del dispositivo.
  - Utiliza un programa de emulación de terminal como PuTTY (en Windows) o Minicom (en Linux).
  - Configura la conexión serie con la velocidad de baudios adecuada (generalmente 9600) y otros parámetros según la documentación del dispositivo.
  - Inicia la sesión de consola y deberías obtener acceso al sistema operativo del dispositivo.
- TACACS+ y RADIUS:
  - Estos protocolos se utilizan para autenticación centralizada y autorización en redes. La configuración de TACACS+ o RADIUS debe realizarse en el dispositivo y en el servidor de autenticación correspondiente (por ejemplo, un servidor TACACS+ o RADIUS).
  - Configura el dispositivo para usar TACACS+ o RADIUS como método de autenticación en lugar de autenticación local.
  - Proporciona la dirección IP del servidor TACACS+ o RADIUS, así como las claves compartidas necesarias en la configuración del dispositivo.

o Luego, cuando intentes conectarte al dispositivo, tus credenciales se verificarán a través del servidor TACACS+ o RADIUS configurado.

2.9 Configurar los componentes de un acceso de LAN inalámbrica para la conectividad del cliente utilizando solo GUI, como creación de WLAN, configuraciones de seguridad, perfiles de QoS y configuraciones de WLAN avanzadas

- Creación de WLAN.
- Configuraciones de seguridad.
- Perfiles de QoS.
- Configuración WLAN.

»»» Video clase, Configuración de Wireless LAN Controller WLC y Lightweight Access Point Cisco:

https://eclassvirtual.com/configuracion-de-wireless-lan-controller-wlc-y-lightweight-access-point-cisco/

Conectividad IP

3.1 Interpretar los componentes de la tabla de enrutamiento Acceso a la Red

3.1.a Código del protocolo de enrutamiento

- Hay diferentes códigos que se muestran en las tablas de enrutamiento que identifican cómo se agregan las rutas a la tabla de enrutamiento
- Por ejemplo, las rutas estáticas tienen el código "S"
- El comando que sirve para ver los tipos de código:
  - *show ip route*

```
Codes: L - local, C - connected, S - static, R - RIP, M - mobile, B - BGP
       D - EIGRP, EX - EIGRP external, O - OSPF, IA - OSPF inter area
       N1 - OSPF NSSA external type 1, N2 - OSPF NSSA external type 2
       E1 - OSPF external type 1, E2 - OSPF external type 2
       i - IS-IS, su - IS-IS summary, L1 - IS-IS level-1, L2 - IS-IS level-2
       ia - IS-IS inter area, * - candidate default, U - per-user static route
       o - ODR, P - periodic downloaded static route, H - NHRP, l - LISP
       a - application route
       + - replicated route, % - next hop override, p - overrides from PfR
```

3.1.b Prefijo

- Un prefijo es simplemente una ruta de red en la tabla de enrutamiento
- Por ejemplo, 192.168.1.0/24

3.1.c Máscara de red

- Una máscara de red o máscara de subred, define la parte del prefijo de red de una dirección IP que se utiliza para el enrutamiento
- Los valores resaltados en rojo identifican la máscara de red para el prefijo 192.168.1.0/24
  - 192.168.1.0/24 o 255.255.255.0

- o 192.168.1.0/24 o 255.255.255.0
  - o Máscara de red 255.255.255.0 en binario
    1111111.1111111.1111111.00000000
    - El "1" es la parte de la porción de la red
    - El "0" es la porción de host

3.1.d Próximo salto.

- Cuando los dispositivos de red necesitan enrutar a un destino, necesitan tener una dirección IP del próximo salto para reenviar paquetes en la dirección correcta.
- Por ejemplo, dirección IP del próximo salto: 172.200.254.26

    D 10.16.70.0/24 [90/3072] vía
    172.200.254.26, 4d19h, Vlan104

3.1.e Distancia administrativa.

- Los routers utilizan diferentes protocolos dinámicos al mismo tiempo incluidas rutas estáticas.
- Para que los dispositivos de red sepan qué tipos de rutas son mejores que otras, se basan en la distancia administrativa (AD). Cuanto menor sea el AD, mejor se considerará la ruta.
- Cada tipo de ruta tiene valores de AD preasignados por default.
- El rango de las distancias administrativas varia de 1 a 255 son las siguientes:

- Interfaz física o Ruta estática 1 Ruta sumarizada EIGRP 5 BGP externo 20 EIGRP interno 90 IGRP 100 OSPF 110 IS-IS 115 RIP 120 EIGRP externo 170 BGP interno 200 Inalcanzable 255

```
Codes: L - local, C - connected, S - static, R - RIP, M - mobile, B - BGP
       D - EIGRP, EX - EIGRP external, O - OSPF, IA - OSPF inter area
       N1 - OSPF NSSA external type 1, N2 - OSPF NSSA external type 2
       E1 - OSPF external type 1, E2 - OSPF external type 2
       i - IS-IS, su - IS-IS summary, L1 - IS-IS level-1, L2 - IS-IS level-2
       ia - IS-IS inter area, * - candidate default, U - per-user static route
       o - ODR, P - periodic downloaded static route, H - NHRP, l - LISP
       a - application route
       + - replicated route, % - next hop override, p - overrides from PfR
```

3.1.f Metric

- Las métricas son utilizadas por los protocolos de ruteo basándose en una o múltiples características de la ruta
- Si el valor de la distancia administrativa es el mismo para dos rutas aprendidas, el valor de la métrica se puede utilizar como un desempate. Cuanto menor sea la métrica, mejor se considerará la ruta.
- Los protocolos de enrutamiento cambian dinámicamente las métricas de ruta anunciadas en función de cosas como:
  - El ancho de banda
  - Número de saltos
  - Coste
  - Retraso
  - Carga
  - Fiabilidad
  - MTU
- Para ver el valor de la Métrica, usamos el comando "show ip route", donde el primer valor corresponde a las Distancia Administrativa (90) y el segundo es la métrica (3072)
  - *router# sh ip route*

    D 10.1.0.0/24 {90/3072] via 172.30.25.21, 4d23h, Vlan1024

3.1.g Gateway de último recurso

- Si no hay rutas especificas en la tabla de enrutamiento para un destino en particular, se usa Gateway de último recurso (ruta predeterminada).

- El comando ip route configura una ruta estática, ejemplo
  - *Router(config)# ip route 0.0.0.0 0.0.0.0 170.170.3.1*

»»» Artículo, Configuración de la tabla de enrutamiento

https://eclassvirtual.com/configuracion-de-la-tabla-de-enrutamiento/

3.2 Determinar cómo un enrutador toma una decisión de reenvío por defecto

- Orden de búsqueda de enrutamiento

  1. Verifica la coincidencia de prefijo más larga.

  2. Distancia administrativa más baja (AD).

  3. Métrica de enrutamiento más baja.

3.2.a Concordancia más larga

- Cuando un enrutador mira la tabla de enrutamiento para Determine la mejor ruta para un destino, lo primero que buscará es la coincidencia más específica. Esto significa qué ruta tiene más coincidencias de bits de red para el destino.
- Por ejemplo, si llega un paquete destinado a la dirección IP 10.0.10.22, una entrada de ruta para 10.0.10.0/24 ser1a más preferible que 10.0.0.0/16.
  - IP de destino 10.0.10.22/32 en binario: 00001010.00000000.00001010.00010110
    - Ruta A 10.0.10.0/24 en binario: 00001010.00000000.00001010.00000000
    - Ruta B 10.0.0.0/16 en binario: 00001010.00000000.00000000.00000000
- En el ejemplo anterior se observa que la ruta A tiene coincidencias de 24 bits en comparación con las coincidencias de 16 bits para la creación de la ruta B. Esto

hace que la ruta A sea la coincidencia de prefijo más larga para el destino la ruta más preferida.

3.2.b Distancia administrativa (AD)

- Si un enrutador tiene más de una ruta en la tabla de enrutamiento que coinciden con los mismos bits de máscara de red, entonces el AD se puede usar como un factor de ruptura para determinar qué ruta debe ser más preferida.
- Por ejemplo, si tenemos dos rutas para el mismo destino, y una de las rutas es aprendida por RIP (AD 120) y la otra por OSPF (AD 110), entonces el router toma como ruta de reenvío, la ruta aprendida por OSPF, ya que tiene una menor distancia administrativa de 110, que la ruta aprendida por RIP con distancia administrativa de 120.

Interfaz física	0
Ruta estática	1
Ruta sumarizada EIGRP	5
BGP externo	20
EIGRP interno	90
IGRP	100
OSPF	110
IS-IS	115
RIP	120
EIGRP externo	170
BGP interno	200
Inalcanzable	255

3.2.c Métrica del protocolo de enrutamiento

- Si la longitud del prefijo coincide y el AD son iguales, entonces el desempate final es la métrica de enrutamiento.
- Al igual que la distancia administrativa, la ruta aprendida por el router que tenga menor métrica (menos valor numérico) será la que se usará para reenvío del tráfico.

3.3 Configurar verificar el enrutamiento estático IPv4 e IPv6

3.3.a Ruta predeterminada

- Una ruta predeterminada es una ruta estática que coincide con todos los paquetes. En lugar de almacenar todas las rutas para todas las redes en la tabla de routing, un router puede almacenar una única ruta predeterminada que represente cualquier red que no esté en la tabla de routing.
- Este tipo de rutas predeterminadas se usa al conectarse a un router perimetral de un ISP (Proveedor de servicios)
- Ejemplo de configuración de ruta predeterminada estática IPv4 con el siguiente salto 10.0.0.1
  - *Switch-Core# config t*
  - *Switch-Core(config)# ip route 0.0.0.0 0.0.0.0 10.0.0.1*
- Ejemplo de configuración de ruta predeterminada estática IPv6 con next-hop 2001: 254::1
  - *Switch-Core# config t*
  - *Switch-Core(config)# IPv6 route ::/0 2001:254::1*

»»» Video clase, Configuración de enrutamiento estático IPv4 e IPv6 practica para el CCNA

https://youtu.be/kAG3nor3Gms?si=wiJlcwAURiewVtF1

»»» Video clase, Configuracion rutas estaticas en Cisco Packet Tracer https://youtu.be/1cQtewjmpLs?si=Q2tqdnsH0UuUkFfb

3.3.b Ruta de red

- Este tipo de ruta se utiliza para enviar destinos de red conocidos a un dispositivo especifico.
- Ejemplo de configuración de ruta de red estática IPv4 para el destino de red 10.10.10.0/24 con el siguiente salto 10.10.254.1
  - *Switch-Core# config t*
  - *Switch-Core(config)# ip route 10.10.10.0 255.255.255.0 10.10.254.1*
- Ejemplo de configuración de ruta de red estática IPv6 para destino de red 2001: :/64 con siguiente salto 2001: 254::1
  - *Switch-Core# config t*
  - *Switch-Core(config)# IPv6 route 2001::/64 2001:254::1*

3.3.c Ruta del host

- Este tipo de ruta se utiliza para enviar destinos de host conocidos a un dispositivo especifico.
- Ejemplo de configuración de ruta de red estática IPv4 para el destino de red 10.0.0.122 con el siguiente salto 10.10.254.1
  - *Switch-Core# config t*
  - *Switch-Core(config)# ip route 10.0.0.122 255.255.255.255 10.10.254.1*
- Ejemplo de configuración de ruta de red estática IPv6 para el destino de red 2001: 121/128 con next-hop 2001: 254 :: 1
  - *Switch-Core# config t*
  - *Switch-Core(config)# IPv6 route 2001::121/128 2001:254::1*

3.3.d Ruta estática flotante

- La ruta estática flotante, se utiliza como ruta de respaldo si un dispositivo primario del siguiente salto no está disponible. Una vez configurada la ruta estática flotante, ésta no se instala en la tabla de enrutamiento hasta que se necesita. Para hacer que una ruta sea "flotante", se configura la distancia administrativa para que sea más alto que la ruta principal establece un siguiente salto.

- Ejemplo de configuración de ruta estática flotante IPv4 para el destino de red 10.10.10.0/24 con el siguiente salto 10.10.254.1
  - *Switch-Core# config t*
  - *Switch-Core(config)# ip route 10.10.10.0 255.255.255.0 10.10.254.1* (ruta primaria)
  - *Switch-Core(config)# ip route 10.10.10.0 255.255.255.0 10.10.254.2 200*(ruta secundaria)
- Ejemplo de configuración de ruta estática flotante IPv6 para el destino de red 2001: :/64 con siguiente salto 2001: 254::l
  - *Switch-Core# config t*
  - *Switch-Core(config)#IPv6 route 2001::/64 2001:254::1* (ruta primaria)
  - *Switch-Core(config)#IPv6 route 2001::/64 2001:254::2 200*(ruta secundaria)

»»» Artículo, Ruta estática flotante para el CCNA:

https://eclassvirtual.com/ruta-estatica-flotante-para-el-ccna/

»»» Video clase, Interconexión de redes LAN por medio de rutas estáticas:

https://eclassvirtual.com/interconexion-redes-lan-medio-rutas-estaticas/

»»» Video clase, Como Configurar Rutas Estática en Direccionamiento IPv6:

https://www.youtube.com/watch?v=U3PgREjKBis

3.4 Configurar y verificar OSPFv2 de área único

- OSPF (Open Shortest Path First) es un protocolo de estado de enloce que se puede usar para anunciar rutas entre enrutadores.
- Entre los característicos de OSPF se incluyen el enrutamiento de menor coste, el enrutamiento de múltiples rutas y el balanceo de carga.
- OSPF es un protocolo de estado de enlace que solo envía actualizaciones cuando ha cambios en lo topolog1o
- OSPF soporto sumorizoción de rutas de formo manual, soporto VLSM (Variable Length Subnet Mask), es de convergencio mu rápido
- Distancia administrativa predeterminada es 170
- Dirección de multidifusión local del enlace: 224.0.0.5 224.0.0.6 (DR/BDR).
- Algoritmo: DijRstro SPF (Ruto más corto primero).
- Utiliza ID de proceso en lugar de números de sistema autónomo.
- Utiliza ÁREAS que son dominios de enrutamiento dentro de OSPF.
- Temporizadores predeterminados Hello = 10 Dead = 40.
- Valor de lo métrico es el "Costo".

    »»» Video clase, Configuración de VLANs y Protocolo Ruteo OSPF para el CCNA 200-301

    https://youtu.be/Y2NBIZszKwE?si=bg49Ie5P4nXynyhy

    »»» Video clase, Configuración de un single and multi area OSPFv2 IPv4 parte 1/3

    https://youtu.be/wBSmFBM9GUY?si=57x8jNhHSgAVS1Lo

    »»» Video clase, Configuración de un single and multi area OSPFv2 IPv4 parte 2/3 https://youtu.be/zc45ntW0Fho?si=XliJEy3MeFjqM2TO

»»» Video clase, Configuración de un single and multi area OSPFv2 IPv4 parte 3/3 PRACTICA

https://youtu.be/VO60AqMSRog?si=kcZstGmgpdhPOfwB

3.4.a adyacencias vecinas

- Para que los enrutadores intercambien rutas entre sí, primero deben formar una adyacencia vecina.
- OSPF establece relaciones con otros routers mediante el intercambio de mensajes Hello
- Después del intercambio inicial de estos mensajes los routers elaboran sus tablas de vecinos, que enumeran todos los routers que están ejecutando OSPF están directamente conectados.
- Requisitos de adyacencia de vecinos OSPF:

1. Subred común.

  o La red utilizada para comunicarse entre los enrutadores OSPF.

2. ID de enrutador único.

  o Identificador que se usa para distinguir entre diferentes anuncios de enrutador.

3. La misma ID de área.

  o Para que los enrutadores estén adyacentes, su subred común debe estar configurada para la misma ÁREA.
  o Las topologías OSPF deben tener al menos un ÁREA O (Red troncal).
  o El Área O es el núcleo de una red OSPF.
  o Entonces, si comenzaramos a construir una nueva topología OSPF con dos enrutadores, usada AREA O luego escalarla a otras AREA según sea necesario.

61

4. Los mismos temporizadores HELLO DEAD.

- El temporizador de hello OSPF define con qué frecuencia los vecinos OSPF ad acentes envíarán paquetes de saludo (Keepaliue).
- El temporizador de dead OSPF define cuánto tiempo esperará un uecino OSPF para recibir un paquete de hello antes de considerar que un uecino está down.

5. Mismo valor de MTU.

- Las interfaces enrutadas en la subred común utilizada entre vecinos OSPF deben configurarse para el mismo valor de MTU.
- Ejemplo de configuración OSPFv2 para el Área O entre dos enrutadores.
  - Router(config)#router ospf número de proceso
  - Router(config-router)#network dirección wildcard área número

  - RouterA# config t
  - Router A(config)#router ospf 7
  - RouterA(config-router)#router-id 7.7.7.7
  - RouterA(config-router)#network 70.70.0.0 0.0.0.3 orea O
  - RouterA(config-router)#network 70.70.70.0 0.0.0.255 orea O
  - RouterA(config-router)#passive-interface default
  - RouterA(config-router)#no passive-interface g0/0/7

  - RouterB# config t
  - RouterB(config)#router ospf 7
  - RouterB(config-router)#router-id 2.2.2.2
  - RouterB(config-router)#network 70.70.0.0 0.0.0.3 orea O

- RouterB(config-router)#network 70.70.77.0 0.0.0.255 orea O
- RouterB(config-router)#passive-interface default
- RouterB(config-router)#no passive-interface g0/0/7
  - Como verificar vecindad
    - RouterA# show ip ospf neighbor
    - RouterB# show ip ospf neighbor

»»» Artículo, Configurar el enrutamiento OSPFv2 en Router Cisco:

https://eclassvirtual.com/configurar-el-enrutamiento-ospfv2-en-router-cisco/

3.4.b Punto a punto

- Cuando OSPF opera sobre enlaces seriales punto a punto utilizando protocolos WAN L2 como HDLC PPP, se ejecuta como un tipo de red punto a punto. En este modo, no se requieren roles DR/BDR a que no es una conexión de acceso múltiple.
- Ejemplo de configuración de interfaz punto a punto OSPFv2.
  - *RouterA# config t*
  - *RouterA(config)# interface serio/O/O/O*
  - *RouterA(config-if)# ip oddress 70.7.7.7 255.255.255.252*
  - *RouterA(confgi-if)# encopsu/otion ppp*

3.4.c Broadcast (selección de DR/BDR)

- Cuando uarios routers están conectados a un segmento de red del tipo broadcast, uno de estos routers del segmento tomará el control mantendrá las ad acencias entre todos los routers de ese segmento. Ese router toma el nombre de DR (Designate Router) será elegido a través de la información que contienen los mensajes hello que se intercambian los routers.

- Para una eficaz redundancia también se elige un router designado de reserua o BDR
- En una topología OSPF de acceso múltiple (broadcast), los enrutadores designados (DR) los enrutadores designados de respaldo (BDR) se utilizan para retransmitir actualizaciones de enrutamiento. Los enrutadores DR a udan a escalar las topologías OSPF para que ha a menos información para que cada enrutador la procese. • En cada topología OSPF de acceso múltiple, se seleccionan l DR l BDR.
- Proceso de selección OSPF DR/BDR:
  o Prioridad de interfaz OSPF más alta, es el router designado DR
  o Prioridad de interfaz OSPF con valor segundo más alto, es el router designado de reserua BDR
  o El valor predeterminado de la prioridad OSPF de la interfaz esl
  o En caso de empate se usa el ID de enrutador más
- Verificación del estado de OSPF DR/BDR.
  o *RouterA# show ip ospf interface*
- Verificación de los estados de uecindad OSPF DR / BDR.
  o *RouterA# show ip ospf neighbor*
- Los enrutadores que no sean DR/BDR estarán en el estado DROTHER.
- Ejemplo de configuración de prioridad de interfaz OSPF.
  o *RouterA# config t*
  o *RouterA(config)# int vlan 123*
  o *RouterA(config-if)# ip ospf priority 255*
- Como iniciar el proceso OSPF para activar una nueva elección de DR.
  o *RouterA#clear ip ospf process*

  Reset ALL OSPF processes?: yes

- Verificar la prioridad de la interfaz OSPF.
  o *RouterA# show ip ospf interface*

3.4.d ID de enrutador

- Debe ser único para cada enrutador OSPF.
- Puede ser cualquier valor decimal en el siguiente formato: X.X.X.X
- Proceso de elección de ID de enrutador.
  o Identificador de enrutador configurado manualmente.
  o Dirección IP loopback más alta.
  o Dirección IP de interfaz más alta.

3.5 Describir el propósito del protocolo de redundancia del primer salto

- Los FHRP (First Hop Redundancy Protocol), hacen referencia a aquellos protocolos orientados a proporcionar IPs MACs virtuales con el fin de entregar redundancia.
- Los routers switches multicapa pueden proporcionar tolerancia a fallos o alta disponibilidad cuando están actuando como pvertas de enlace predeterminadas a los dispositivos finales
- Con FHRP, si ha uarios dispositivos centrales en una red unose cae, otro puede tomar el control para que los clientes no pierdan el acceso a la red.
- Un enrutador en la topología FHRP será la pverta de enlace actiua.
- Si la pverta de enlace normalmente actiua se cae, el enrutador de reserua puede asumir el control responder a las solicitudes VIP como pverta de enlace predeterminada.
- Los switch multicapa pueden utilizar los siguientes protocolos: o HSRP (Host Standby Routing Protocol). o VRRP (Virtual Router Redundancy Protocol). o GLBP (Gatewa Load Balancing Protocol).
- HSRP (Host Standby Router Protocol) es un protocolo propietario de Cisco que permite que uarios routers o switches multicapa aparezcan como una sola pverta de enlace, de cara a los dispositivos finales.

- Cada uno de los routers que proporcionan redundancia es asignado a un grupo HSRP común, un router es elegido como primario o actiue otro como secundario o standb , si existen más routers estarán escuchando en estado listen.
- El router con la prioridad más alta (rango de O a 255) se conuierte en el router actiue del grupo en caso de que todos los routers tengan la misma prioridad será actiue aquel con la IP más alta configurada en su interfaz de HSRP.
- El valor por defecto de prioridad es 100

»»» Video clase, Practica de Configuración de HSRP:

https://eclassvirtual.com/practica-de-configuracion-de-hsrp-cisco-ccna/

Servicios IP

4.1 Configurar verificar inside source NAT ((Network Address Translation)

- NAT nos permite poder acceder a Internet traduciendo las direcciones IP privadas en direcciones IP públicas
- NAT nos a uda a aumentar la seguridad la priuacidad de una red de área local
- Con NAT podemos trabajar de diferentes maneras, dependiendo de la necesidad los recursos con los que contamos, por ejemplo:
  - NAT estática - Normalmente se usa para asignaciones de IP uno a uno para servicios públicos como servidores web.
    - Ejemplo de configuración para traducir el tráfico destinado a IP pública 110.1.2.3 a privado IP 10.1.1.123
      - *RouterA#config t*
      - *Router A(config)#int g0/0*
      - *RouterA(config-if)#ip not outside*
      - *Router A(config-if)#exit*
      - *RouterA(config)# int g0/7*
      - *RouterA(config-if)#ip not inside*
      - *RouterA(config-if)#exit*
      - *RouterA(config)#ip nat inside source static 70.7.7.723 770.7.2.3*
    - Verifique las traducciones NAT estáticas conectas.
      - *RouterA# show ip nat translations*
  - NAT dinámica: permite asignar a una red IP interna a uarias IP externas incluidas en un grupo o pool de direcciones
    - Ejemplo de configuración para traducir el tráfico de la red IP priuada 10.10.0.0/24 al

grupo de NAT de IP pública 91.2.3.4 - 91.2.3.14

- *RouterA#config t*
- *Router A(config)#int g0/0*
- *RouterA(config-if)#ip nat outside*
- *RouterA(config-if)#exit*
- *RouterA(config)# int g0/7*
- *RouterA(config-if)#ip nat inside*
- *RouterA(config-if)#exit*
- *RouterA(config)#ip access-list standard nat-private*
- *RouterA(config-std-nacl)#permit 70.70.0.0 0.0.0.255*
- *Router A(config-std-nacl)#exit*
- *RouterA(config)#ip nat pool nat-public 97.2.3.4 97.2.3.74 netmask 255.255.255.0*
- *RouterA(config)#ip nat inside source list nat-private pool nat-public overload*
- Verifique las traducciones NAT conectas.
  - *RouterA# show ip nat translations*
- PAT: tambien llamada NAT sobrecargada, donde se asignan a uarias direcciones IP internas una única dirección IP externa. PAT utiliza números de puertos de origen únicos en la dirección global interna para distinguir entre las diferentes traducciones.
  - Ejemplo de configuración para PAT:
    - *RouterA(config)# ip nat pool NAT-POOL 218.161.20.226 218.161.20.240 netmask 255.255.255.224*
    - *RouterA (config)# access-list 1 permit 192.168.10.0 0.0.255.255*
    - *RouterA (config)# ip nat inside source list 1 pool NAT-POOL overload*
    - *RouterA (config)# interface Serial0/O/O*
    - *RouterA (config-if)# ip nat inside*

- *RouterA (config)# interface Serial0/1/0*
- *RouterA (config-if)# ip nat outside*

»»» Video clase, Configuración de Network Address Translation (NAT)

https://eclassvirtual.com/configuracion-de-network-address-translation-nat/

»»» Video clase, Configuración de inside source NAT para el CCNA

https://eclassvirtual.com/configuracion-de-inside-source-nat-para-el-ccna/

4.2 Configurar verificar el funcionamiento de NTP (Network Time Protocol) en modo cliente servidor

- NTP es un protocolo que permite a los dispositivo de red como switches routers, sincronizar sus configuraciones de tiempo con un servidor NTP
- Este tipo de configuraciones permite configuraciones más consistentes con fecha hora de una solo fuente NTP
- NTP utiliza el puerto UDP 123 está documentado en la RFC 7305
- NTP Modo cliente: los dispositivos de red pueden mantener la hora exacta mediante el uso del protocolo de tiempo de red (NTP).
  - o Ejemplo de configuración de cliente NTP con un enrutador apuntando a un servidor NTP externo.
    - *RouterA#config t*
    - *Router A(config)#ntp server 123.123.123.123*
  - o Verificación de sincronización NTP.
    - *RouterA#show clock*
    - *RouterA#show ntp status*

- *RouterA#show ntp associations*
- NTP Modo de servidor: un dispositivo de red puede actuar como servidor NTP sin ninguna configuración siempre que su hora esté sincronizada con otro servidor NTP.
- NTP Maestro: un dispositivo de red puede actuar como servidor NTP utilizando su información de hora local si está configurado como NTP maestro. Un NTP maestro puede sincronizarse con su reloj local aúnproporcionar tiempo a los clientes NTP.
    - Ejemplo de configuración del NTP maestro.
        - *RouterA#clock set 12:00:00 Mar 30 2023*
        - *RouterA#config t*
        - *RouterA(config)#ntp master 1*

4.3 Explicar la función de DHCP DNS dentro de la red

- DHCP es el Protocolo de configuración dinámica del host: se utiliza para asignar direcciones IP de forma dinámica a los clientes de la red. o Componentes del DHCP
- Cliente DHCP: punto final que solicita una dirección IP.
- Servidor DHCP: host que ejecuta una aplicación de servicio de DHCP que contiene grupos de direcciones IP para asignar a los clientes.
- Sistema de nombres de dominio (DNS): se utiliza para resolver nombres de host en direcciones IP.
    - Componentes DNS.
        - Servidores DNS: host que ejecuta una aplicación de servicio de DNS que mantiene una base de datos de asignaciones de nombres a direcciones IP.

»»» Artículo, Configuración de Servidores DNS DHCP en Packet Tracer

https://eclassvirtual.com/configuracion-de-servidores-dns-y-dhcp-en-packet-tracer/

»»» Video clase, Configuración de un único DHCP Server para distintas subredes IP

https://eclassvirtual.com/configuracion-de-un-unico-dhcp-server-para-distintas-subredes-ip/

4.4 Explicar lo función de SNMP en las operaciones de red

- Simple Network Management Protocol (SNMP), fue pensado para administrar monitoreor todo tipo de nodos, como servidores, switch, router, impresoras, firewols, etc.
- SNMP es un protocolo de lo capa de aplicación que intercambia información de gestión entre los dispositivos de la red
- La versión mas segura es SNMPv3, que incluye características como integridad del mensaje (no ha sido cambiado en su poso por la red), autenticación (el mensaje uiene de un origen ualidado) cisfrado (se encripta el contenido del paquete, siendo indescifrable para un atacante)
- SNMP, lee escribe información que está disponible en dispositivos de red.
- Componentes SNMP.
  - Colector SNMP: están basado en administradores NMS (Network Management S stems); agentes que son los nodos administrados; los MIB (Management Information Bases) que son las bases de información. Algunos ejemplos de NMS son Cisco Prime. Nagios Solarwinds.
  - Los agentes SNMP aceptan comandos solicitudes de los sistemas de administración SNMP solo si estos forman porte de una comunidad SNMP
    - RO: proporcionan acceso de solo lectura.
    - RW: proporcionan acceso de lectura-escritura.
  - MIB: recopilación de información sobre dispositivos de red. Algunos ejemplos son interfaces, tablas de enrutamiento recursos de hardware.

71

- o Traps: enuiadas por dispositivos de red a recolectores SNMP cuando ocurren, ciertos euentos, como alarmas de CPU o interfaz.
- o Configuración de comunidad SNMP por CLI:
  - *Router(config)# snmp-server community nombre [ro / rw]*
  - *Router(config)# exit*
  - *Router#show snmp community*

»»» Video clase, Configuración de SNMP y Syslog Cisco

https://eclassvirtual.com/configuracion-snmp-syslog-server/

»»» Video clase, Configuración de protocolos de monitoreo de dispositivos SNMP y SYSLOG para el CCNA

https://eclassvirtual.com/configuracion-de-protocolos-de-monitoreo-de-dispositivos-snmp-y-syslog-para-el-ccna/

4.5 Describa el uso de las funciones de syslog, incluidas los facilities y los niveles

- Syslog: servicio de registro utilizado para ver euentos de dispositivos de red para monitorear solucionar problemas.
- Registra euentos tales como estado de las interfaces, cambios en la configuración, muchos otros tipos de euentos
- No solo registra euentos si no que también puede envíar estos registros a distintos destinos como la consola del router, snmp externos por medio de SNMP Traps, s slog externos, etc.
- Componentes de Syslog.
  - o Syslog Server: servidor que ejecuta una aplicación Syslog con una base de datos para almacenar información de registro. Algunos ejemplos son Cisco Prime Solarwinds.
  - o Clientes syslog: los router generan reenvían mensajes de registro a servidores Syslog

o Niveles de gravedad: qué tan grave es el mensaje de registro entre 0 y 7, siendo 0 el más grave.

> 0 - Emergencia: el sistema no se puede utilizar.
>
> 1 - Alerta: debe tomarse una acción de inmediato.
>
> 2 - Critico: Condiciones crfücas.
>
> 3 - Error: Condiciones de error.
>
> 4 - Advertencia: condiciones de advertencia.
>
> 5 - Auiso: condición normal pero significatiua.
>
> 6 - Informatiuo: mensajes informatiuos.
>
> 7 - Depuración: mensajes de niuel de depuración.

o Facilities: categodas para diferentes mensajes de s slog. La ma oria de los dispositivos de Cisco utilizan el uso local (local 7) de forma predeterminada.

> 0 - Mensajes del núcleo.
>
> 1 - Mensajes a niuel de usuario.
>
> 2 - Sistema de correo.
>
> 3 - Demonios del sistema.
>
> 4 - Mensajes de seguridad/ autorización.
>
> 5 - Mensajes generados internamente por S slogd.
>
> 6 - Subsistema de impresora de linea.

7 - Subsistema de noticias de red.

8 - Subsistema UUCP.

9 - Demonio de reloj.

10 - Mensajes de seguridad/ autorización. ll - Demonio de FTP. 12 - Subsistema NTP.

13 - Auditoria de registros.

14 - Alerta de registro.

15 - Demonio de reloj.

16 - Uso local O (localO).

17 - Uso local l (locall).

18 - Uso local 2 (local2).

19 - Uso local 3 (local3).

20 - Uso locol 4 (locol4).

21 - Uso local 5 (locol5).

22 - Uso local 6 (locol6).

23 - Uso local 7 (locol7).

- o Configuración de logging:
  - *Router(config)# logging host 192.168.1.33*
  - *Router(config)# logging trap critical*
  - *Router(config)# logging source-interface fastethernet0/2*
  - *Router(config)# logging on*

4.6 Configurar verificor el cliente DHCP y relay

- DHCP Relay (también conocido como DHCP Helper): método utilizado por un dispositivo de copo 3 para reenvíor mensajes DHCP o servidores DHCP en nombre del cliente DHCP.
  - Ejemplo de configuración del DHCP Relay.
    - *Interface GigabitEthemet 1/1/1*
    - *ipaddress 10.0.0.1 255.255.255.0*
    - *ip helper-address 10.1.1.1*

»»» Video clase, Configuración de IP Helper Address Cisco

https://eclassvirtual.com/configuracion-de-ip-helper-address-cisco/

4.7 Explicar el comportamiento de reenvío por salto (PHB) para QoS como clasificación, marcado, colas, congestión, policing, shaping.

- Los modelos que tenemos de QoS son:
  - Best-effort, quiere decir que no hay QoS en la red que todos los paquetes son tratados de la misma manera
  - IntServ, entrega QoS de extremo a extremo basado en la señalización y reserva de recursos de la red para las aplicaciones que lo equieren. El protocolo de señalización usado es RSVP (Resource Reservation Protocol
  - DiffServ, es el que se usa actualmente usa PHB (Per-Hop Behavior) que es un comportamiento por salto, es decir que en cada salto en la ruta se programa para que proporcione un niuel de servicios espedfico a cada clase de tráfico

- La calidad de servicio (QoS) se utiliza para aplicar controles al tráfico de la red, como el tratamiento de reenvío preferencial, el consumo de ancho de banda la limitación de uelocidad (rate- limiting).
  - Clasificación: método utilizado para identificar los tipos de tráfico para que los dispositivos de red puedan aplicar la QoS adecuada.
    - NBAR
    - ACL
    - Interfaz de entrada.
    - Valor del CoS (Class of Service).
    - Dirección IP de origen o destino.
    - Valor de IP Precedence o DSCP en la cabecera IP.
    - Valor EXP en la cabecera MPLS.
    - Tipo de aplicación.
    - Siempre se debe intentar clasificar marcar el tráfico tan cerca del origen como sea posible
  - Marcado: método utilizado para establecer los valores de QoS que se pueden usar para aplicar la QoS adecuada.
    - DSCP (Differentiated Services Code Point)
    - COS (Class of Service)
  - Cola (Queuing): método utilizado para pnonzar cuándo se reenvían diferentes tipos de tráfico fvera de una interfaz.
    - Cuando el tráfico debe reenvíarse desde un enrutador o un puerto de conmutador se agrega a una cola de tráfico. Estas colas se pueden considerar como una forma de almacenar paquetes en búfer hasta que se reenvían fvera de una interfaz (Ejemplo, Queue 1, Queue 2, Queue 3, Queue 4)
  - Congestión: ocurre cuando la interfaz de un dispositivo de red se queda sin profundidad de cola (búfer) debido a la alta utilización del ancho de banda.
    - Los dispositivos de red eliminarán el tráfico si una interfaz está sobrecargada con congestión.

- Las políticas de QoS se pueden usar para priorizar qué tráfico se elimina primero para mejorar el rendimiento de aplicaciones críticas como voz y video.
  - Vigilancia (Policing): método utilizado para limitar la cantidad de ancho de banda que se puede usar en una interfaz al eliminar el tráfico que excede la política de QoS.
    - Normalmente se usa para evitar que el tráfico de baja prioridad use todo el ancho de banda.
  - Modelado (Shaping): método utilizado para limitar la cantidad de ancho de banda que se puede usar en una interfaz almacenando en búfer el tráfico que excede la política de QoS
    - Normalmente se usa para suauizar las velocidades del tráfico para que coincidan con las velocidades del circuito del proveedor para que el tráfico, como la voz, se almacene en búfer en lugar de eliminarlo.

»»» Webinar Qos:

https://eclassvirtual.com/webinar-calidad-de-servicio-qos-ccna-200-301/

4.8 Configurar dispositivos de red para acceso remoto usando SSH (Secure Shell)

- A diferencia de Telnet, SSH es una forma segura de conectar administrar dispositivos de red de forma remota.
- La conexión SSH está cifrada openta sobre el puerto TCP 22

»»» Video clase, Configuración de SSH en Switch y Router Cisco
https://eclassvirtual.com/configuracion-ssh-switch-router-cisco/

»»» Video clase, Configuración del acceso Telnet y SSH

Cisco
https://youtu.be/r9oyNkhnP74?si=9LeCsOuGnltyCvEf

»»» Video clase, Captura de la clave TELNET con GNS3 y Wireshark

https://youtu.be/B6yDCnFhqS8?si=GE53pTGKLwatX_VS

4.9 Describir las capacidades la función de TFTP / FTP en la red

- TFTP, es una versión simplificada de FTP que permite la transferencia de archiuos de un host a otro a través de una red de manera menos confiable.
- FTP. Protocolo utilizado para transferir archiuos entre host de red de manera confiable a que utiliza un mecanismo orientado a conexión.
- Tanto FTP como TFTP son de la capa de aplicación del modelo OSI
- Un caso de uso común para el uso de TFTP / FTP en redes es para actualizaciones de software copias de seguridad de la configuración.
  - TFTP: puerto UDP 69.
    - Sin autenticación.
    - No confiable.
    - Solo admite transferencias de archiuos pequeñas.
  - FTP: puertos TCP 20 y 21.
    - Soporta Autenticación.
    - Confiable.
    - Admite transferencias de archiuos grandes.

»»» Artículo, Como respaldar restaurar la configuración Cisco con TFTP Server

https://eclassvirtual.com/como-respaldar-y-restaurar-la-configuracion-cisco-con-tftp-server/

»»»» Video clase, Capturando la Cuenta FTP en GNS3 con Wireshark

https://eclassvirtual.com/capturando-la-cuenta-ftp-en-gns3-con-wireshark/

Fundamentos de Seguridad

5.1 Definir conceptos clave de seguridad (amenazas, vulnerabilidades, exploits técnicas de mitigación)

- Debemos mantener protegida la red de cualquier acto que atente contra la seguridad de la empresa.
- Los tres objetivos principales de la seguridad de la red son:
  - Confidencialidad
  - Integridad
  - Disponibilidad
- Amenaza: intentos maliciosos de comprometer las polfücas de seguridad.
  - Hackers.
- Vulnerabilidad: una debilidad explotable.
  - Código de programa incorrecto.
  - Error de software.
- Exploit: usar algo (uulnerabilidad) en beneficio propio.
  - Los atacantes crean exploits que apuntan a las uulnerabilidades del sistema.
- Técnicas de mitigación: métodos utilizados para a udar a preuenir el riesgo.
  - Antiuirus
  - Antimalware
  - Cortafuegos
  - Parches de software.

»»» WebinarFundamentos de Seguridad para el examen CCNA 200-301

https://youtu.be/5EdGvfAbymM

5.2 Describir los elementos del programa de seguridad (conocimiento del usuario, capacitación control de acceso físico)

- Conciencia del usuario - Asegurarse de que los empleados estén al tanto de los riesgos de seguridad.
  - o Actualizaciones por correo electrónico con información sobre riesgos de seguridad.
  - o Pruebas de phishing.
- Capacitación: las organizaciones deben brindar capacitación periódica sobre ciberseguridad a los empleados.
  - o Seminarios web de ciberseguridad en línea.
- Control de acceso físico - Asegurar el acceso físico a los equipos de red.
  - o Armarios, gabinetes Rack cerrados.
  - o Lectores de credenciales.
  - o Cámaras de acceso

5.3 Configurar el control de acceso al dispositivo usando contraseñas locales

- Contraseñas de consola
  - o *Switch#configure terminal*
  - o *Switch(config)#line cansole 0*
  - o *Switch(config-line)#login*
  - o *Switch(config-line)#password contraseña*
- Contraseñas telnet
  - o *Switch(config)#line vty 0 15*
  - o *Switch(config-line)#login*
  - o *Switch(config-line)#password contraseña*

»»» Articulo, Seguridad en el acceso a dispositivos Cisco

https://eclassvirtual.com/seguridad-en-el-acceso-a-dispositivos-cisco/

»»» Como decodificar contraseña de Cisco IOS

https://eclassvirtual.com/como-decodificar-contrasena-de-cisco-ios/

»»» Configuración de SSH en Switch Router Cisco

https://eclassvirtual.com/configuracion-ssh-switch-router-cisco/

5.4 Describir los elementos de las políticas de seguridad de contraseñas, como la administración, la complejidad y las alternativas de constraseña

- Para asegurar aún más los recursos de la red, las contraseñas de los usuarios deben seguir los estándares de las mejores prácticas
    - o Elementos de las políticas de contraseñas
        - ▪ Dificultad
            - ▪ Usar carácteres especiales - ! #@/·
            - ▪ Longitud: mínimo de 6 carateres
    - o Cambiar las contraseñas con regularidad
    - o Administración de claves
        - ▪ Los administradores de contraseñas se pueden utilizar para almacenar credenciales de forma segura
- Alterrnativas de contraseñas
    - o Autenticación multifactor
        - ▪ Inicio de sesion de usuario + SMS
        - ▪ Inicio de sesion de usuario + aplicación (DUO, Autenticador de Google, etc.)
    - o Certificados
        - ▪ Certificados de usuario o dispositivos emitidos por una CA
    - o Biometría
        - ▪ Huella digital

- Escaneo de retina

5.5 Describir el acceso remoto las VPN de sitio a sitio

- Red priuada uirtual (VPN): permite a los usuarios envíar recibir datos a través de redes públicas o compartidas como si sus dispositivos informáticos estuuieran conectados directamente a la red priuada.
  - VPN de sitio a sitio.
    - Túnel entre múltiples gatewa s VPN como enrutadores firewalls.
  - VPN remota (Cisco AnyConnect).
    - Túnel entre el dispositivo de usuario móvil (computadora portátil, teléfono, etc.) y el gateway VPN remota, como un firewall.

5.6 Configurar verificar listas de control de acceso.

- Listas de control de acceso (ACL): un método para aplicar filtrado de seguridad en dispositivos de red.
  - Se puede aplicar en interfaces de switch/router en las direcciones de entrada o salida.
  - Dos tipos de ACL: estándar extendida.
    - Las ACL estándar coinciden solo con la información de IP de origen.
    - Las ACL extendidas pueden coincidir con la IP de origen/ destino la información de puerto mucho más para configurar.
  - Dos formas de configurar ACL: numeradas nombradas.
    - Las ACL numeradas estándar se pueden configurar en el rango del 1-99 1300-1999.

- Las ACL numeradas extendidas se pueden configurar en el rango del 100-199 2000-2699.

»»» Video clase, Configuración de listas de acceso para filtro de tráfico IPv4

https://eclassvirtual.com/configuracion-listas-acceso-filtro-trafico-ipv4/

5.7 Configure los funciones de seguridad de la Capa 2 (DHCP snooping, inspección ARP dinámico seguridad de puerto)

- **El DHCP Snooping**, o "Vigilancia DHCP", es una función vital en un switch que restringe la aceptación de paquetes de respuesta del servidor DHCP únicamente en las interfaces que han sido previamente designadas como "confiables". Es importante destacar que, de manera predeterminada, todas las interfaces se consideran como no confiables en esta configuración.

- Al restringir la confiabilidad de las interfaces y solo permitir respuestas del servidor DHCP en las designadas como confiables, el DHCP Snooping fortalece la seguridad de la red. De esta manera, se reduce el riesgo de que clientes no autorizados interfieran con el proceso de asignación de direcciones IP y se garantiza que el servidor DHCP funcione de manera eficiente y confiable.

»»» Video clase, Configuración de DHCP Snooping

https://eclassvirtual.com/configuracion-de-dhcp-snooping-para-el-ccna-200-301/

- **La Inspección Dinámica de ARP (DAI)** es una función fundamental en un switch que tiene como objetivo garantizar la seguridad y la integridad de la red. Esta característica permite que solo las respuestas ARP confiables sean aceptadas y aprendidas por el switch, y estas deben provenir de respuestas DHCP o interfaces designadas como "confiables". Es importante destacar que, por defecto, las interfaces no se consideran de confianza en el contexto de DAI.

- El propósito principal de DAI es mitigar el impacto de los ataques de envenenamiento ARP y los intentos de suplantación de identidad. Estos ataques pueden comprometer gravemente la seguridad de la red al permitir que un atacante intercepte o redirija el tráfico de datos legítimos hacia su propia máquina, lo que a menudo conduce a actividades maliciosas como el espionaje o la manipulación de datos.

- Al hacer que el switch solo confíe en respuestas ARP que se originan desde fuentes autorizadas, como el servidor DHCP o interfaces específicas configuradas como confiables, DAI proporciona una capa adicional de protección. Esto asegura que las direcciones MAC en la tabla ARP del switch sean precisas y confiables, lo que dificulta significativamente la capacidad de un atacante para llevar a cabo ataques de suplantación con éxito.

»»» Artículo, Fundamentos de Seguridad Comandos Cisco CCNA 200-301

https://eclassvirtual.com/fundamentos-de-seguridad-comandos-cisco-ccna-200-301/

- **La Seguridad de Puerto** es una característica fundamental en un switch, ya que permite restringir la cantidad de direcciones MAC aprendidas en una interfaz específica. Los switches modernos, como los de la serie Catalyst de Cisco, cuentan con una función conocida como "Port Security" o "Seguridad de Puerto", que permite controlar y gestionar las direcciones MAC asignadas a cada puerto de manera eficiente.

- La función de Seguridad de Puerto se utiliza para limitar la cantidad de dispositivos o direcciones MAC que pueden conectarse a un puerto específico del switch. Esto es especialmente útil en entornos donde se requiere un control estricto sobre los dispositivos que pueden acceder a la red a través de un puerto determinado.

- En resumen, la Seguridad de Puerto es una característica esencial en los switches que ayuda a garantizar un control efectivo sobre las direcciones MAC que pueden acceder a la red a través de cada puerto, lo que contribuye a mejorar la seguridad y la gestión de la infraestructura de red.

»»» Video, clase CCNA Practica de Configuración de port securit

https://eclassvirtual.com/ccna-practica-de-configuracion-de-port-security/

5.8 Diferenciar los conceptos de autenticación, autorización contabilidad

- AAA (autenticación, autorización accounting) se utiliza para controlar el acceso a la red, provee una mejor solución al hacer que todos los dispositivos accedan a la misma base de datos de usuarios contraseñas en un servidor central
  - o Autenticación: valida las credenciales de los usuarios que solicitan acceso a la red.
  - o Autorización: El proceso de autorización determina a qué recursos tiene acceso el usuario una vez que se ha autenticado
  - o Accounting: El proceso de auditoría se encarga de registrar la actividad realizada por el usuario una vez que ha a sido autenticado

»»» Artículo, Configuración de AAA Radius TACACS en Cisco Packet Tracer https://eclassvirtual.com/configuracion-de-aaa-radius-y-tacacs-en-cisco-packet-tracer/

5.9 Describir los protocolos de seguridad inalámbrica (WPA, WPA2 WPA3)

- Los métodos de acceso protegido inalámbrico (WPA) se utilizan para proteger las redes inalámbricas.
- Ha tres tipos diferentes de protocolos de seguridad WPA.
  - WPA (Wi-Fi Protected Access)
    - Autenticación de cliente utilizando 802.1x o llave precompartida
    - Autenticación mutua entre cliente servidor
    - Mejora significativa de WEP.
    - Utiliza el protocolo de integridad de clave temporal (TKIP)
    - Integridad de los datos utilizando MIC (Message Integrity Check)
  - WPA2 (Wi-Fi Protected Access V2)
    - Más seguro que WPA, pero con muchas vulnerabilidades
    - Está basado en el estándar 802.11i
    - Utiliza el estándar de cifrado avanzado AES-CCMP (Advanced Encryption Standard - Counter Mode CBC-MAC Protocol)
    - Soporte TKIP para la encriptación de los datos y compatibilidad con WPA
  - WPA3 (Wi-Fi Protected Access V3)
    - Es más seguro y nace como reemplazo de WPA2
    - Es la próxima generación de seguridad WIFI
    - Admite una manera facil de incorporar dispositivos de forma segura con escaneo de código QR
    - WPA3 utiliza un cifrado más fuerte con AES-GCMP (Advanced Encryption Standard - Galois Counter Mode Protocol)

- WPA3 puede utilizarse en dos modos diferentes:
  - WPA3-personal
  - WPA3-enterprise

5.10 Configurar WLAN usando WPA2 PSK usando la GUI

- WPA2 PSK (Pre-Phared Ke) SSID también conocido como WPA2 personal es una forma simple de asegurar una red inalámbrica
- Se define una claue secreta en el cliente en el AP. Si la claue concverda se le concede el acceso al cliente.

»»» Video clase, Configuración de Wireless LAN Controller WLC Lightweight Access Point Cisco

https://eclassvirtual.com/configuracion-de-wireless-lan-controller-wlc-y-lightweight-access-point-cisco/

Automatización y programabilidad

6.1 Explique cómo la automatización impacta en la administración de la red.

- Las redes crecen constantemente se uueluen más complejas. Esto ha hecho que las redes sean más dificiles de administrar ha creado más margen para el error humano, lleuando también a los adminstradores de redes a tomar grandes desafios de adminitración, control seguridad en las redes que administran
- La automatización puede eliminar estos problemas al introducir eficiencia coherencia. Las tareas que tomadan horas si se hicieran manualmente se pueden completar en segundos con la programación. Esto hace que el administrador de la red se libere de tareas tediosas rutinaria, para usar su tiempo en inuestigación desarrollo de nueuos pro ectos para la empresa

6.2 Compare las redes tradicionales con las redes basadas en controladores.

- Las redes basadas en controladores proporcionan un único dashboard para los administradores de red. En lugar de administrar dispositivos de red indiuidualmente, simplemente pueden iniciar sesión en el controlador para aprovisionamiento solución de problemas de forma centralizada rápida.

6.3 Describir arquitecturas definidas por software basadas en controladores (overlay, underlay y fabric)

- Las soluciones definidas por software de Cisco comparten los mismos tres conceptos de overlay, underlay y fabric.
  - Underlay.
    - Transporte de red que proporciona la conectividad IP necesaria para redes superpuestas u overla , ejemplo, Internet, MPLS, etc.
  - Superposición u overlay.
    - Protocolos avanzados que se ejecutan sobre una capa subyacente o underlay , ejemplo, Ipsec, GRE, CAPWAP, túneles VxLAN, etc.
  - Fabric.
    - La combinación de overlay y underlay, que en conjunto proporcionan todas las características para entregar datos a través de la red con las características atributos deseados.
    - Las redes definidas por software a menudo se denominan fabrics, por ejemplo, ACI, DSA, etc.

6.3.a Separación del plano de control elplano de datos.

- Uno de los grandes diferenciadores de las redes SON las redes legac es la separación del plano de control del plano de datos, donde el plano de control se puede centralizar e independizar del plano de datos, para que este último pueda usar el máximo de recursos parsa el reenvío de datos.
- Plano de Control.
  - Toma decisiones acerca de dónde se envía el tráfico.
  - Los paquetes del plano de control están destinados localmente o son originados por el propio router.

- Incluyen la configuración del sistema, la gestión el intercambio de información de la tabla de enrutamiento.
- Contiene mecanismos de envío de capa 2 capa 3, tales como tablas de ad acencias IPv4 e IPv6, tablas de topologías, tablas ARP STP.
- Plano de datos.
  - También conocido como el plano de reenvío.
  - Reenvía el tráfico al siguiente salto en el camino hacia la red de destino seleccionada de acverdo a la lógica del plano de control.
  - Los paquetes del plano de datos pasan por el router o por el switch.
  - Los routers switches lo utilizan para envíar flujos de tráfico.

»»» Artículo, Los planos de Datos, ControlGestión
https://eclassvirtual.com/los-planos-de-datos-control-y-gestion-para-el-ccna-200-301/

6.3.b API Nort-bound y South-bound

- Que es un API
  - Interfaz programable de aplicaciones (API): un método utilizado para intercambiar información entre dos programas de software (de máquina a máquina).
- APINort-bound (con destino al norte): se utilizan entre controladores aplicaciones SDN.
- APISouth-bound (con destino al sur): se utilizan entre controladores SDNdispositivos de red. OpenFlow, es la primera probablemente la más conocida interfaz Southbound API

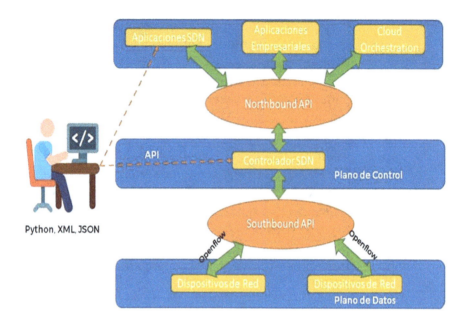

6.4 Compare la administración de dispositivos del campus tradicional con la administración de dispositivos habilitado por Cisco DNA Center

- Administración de dispositivos tradicional.
  - Cada dispositivo se administra de forma independiente

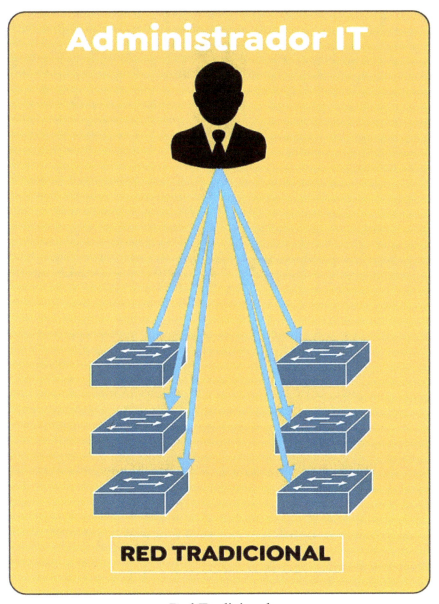

Red Tradicional

- Administraciónde dispositivos DNAC (DigitalNetwork Architecture Center)
  - o Los dispositivos se administran monitorean de manera centralizada desde un único dashboard (DNAC).

Red Basada Controlador

- DNA Center admite uarias southbound API para que el controlador pueda comunicarse con los dispositivos que administra.
- Requiere uarios protocolos para poder comunicarse con una amplia gama de dispositivos, por ejemplo: Telnet, SSH, SNMP o versiones más modernas como NETCONF, RESTCONF.
- También incluye una potente robusta northbound REST API

6.5 Describir las características de las API basadas en REST (CRUD, verbos HTTP y codificación de datos)

- REST (Representational State Transfer) significa Transferencia de estado Representacional.
- REST proporciona un método estándar para que dos programas de automatización puedan comunicarse a través de una red

- Dos conceptos que debes conocer para las API basadas en REDS:
  - Cliente
    - Software que utiliza API
  - Recurso
    - Algo proporcionado por una llamada API
- En segundo plano, REST utiliza mensajes de solicitud y respuesta HTTP con operaciones CRUD (Crear, leer actualizar y eliminar)
  - Post
    - Crea datos
  - Get
    - Lee datos
  - Push
    - Actualiza datos
  - Delete
    - Borra datos

6.6 Reconocer las capacidades de los mecanismos de gestión de la configuración Puppet, Chef y Ansible

- Existen varias herramientas de DevOps que se pueden utilizar para automatizar las configuraciones de los dispositivos de la red
- Herramientas de administración de configuración
  - Puppet
    - https://www.puppet.com/integrations/cisco
  - Chef
    - https://developer.cisco.com/docs/nx-os/#!chef
  - Ansible
    - https://docs.ansible.com/ansible/latest/collections/cisco/ios/index.html

»»» Artículo: https://eclassvirtual.com/tecnologias-de-la-automatizacion-en-redes-ansible-python-y-api/

6.7 Interpretar datos codificados JSON

- La notación de objetos Javascript (JSON) es un formato de intercambio de daots estándar abierto
- Se utiliza comúnmente para automatizar configuraciones en dispositivos de red

Si quieres profundizar más los contenidos para rendir tu examen de forma satisfactoria, te invito a uno de los recursos más valorados dentor de los estudiantes y que es el Pack Cisco CCNA 200-301, que son una serie de Cursos con cientos de Video Clases en español, laboratorios descargables, foros, comunidad de estudiantes, profesor de apoyo permanente, ebook, test y simuladores del examen, con el fin de que llegues preparado para aprobar el examen CCNA 200-301.

Sígueme en mis Redes Sociales para más contenidos de calidad

TikTok   **Youtube**   **Instagram**   **Facebook**

www.ingramcontent.com/pod-product-compliance
Lightning Source LLC
LaVergne TN
LVHW051739050326
832903LV00023B/1003